わけあって絶《ぜつ》滅《めつ》しました。

世界一《せかいいち》おもしろい
絶《ぜつ》滅《めつ》したいきもの図《ず》鑑《かん》

監修 今泉忠明
著 丸山貴史
絵 サトウマサノリ ウエタケヨーコ

ダイヤモンド社

はじめに

ひとつの種《しゅ》、あるいはグループが地球上《ちきゅうじょう》から
永遠《えいえん》にすがたを消《け》すこと……それが絶滅《ぜつめつ》です。
とてもひどいことのように感《かん》じますが、
生《い》き物《もの》の歴史《れきし》をながめてみると、
そうではないことがわかります。
動物《どうぶつ》たちが喜《よろこ》んで消滅《しょうめつ》していったわけではありませんが、
大《おお》きな絶滅《ぜつめつ》の後《あと》には、大進化《だいしんか》をとげる生《い》き物《もの》がいるのです。
たとえば、恐竜《きょうりゅう》が絶滅《ぜつめつ》したおかげで、
鳥類《ちょうるい》やほ乳類《にゅうるい》は爆発的《ばくはつてき》に進化《しんか》しました。
大絶滅《だいぜつめつ》をのりこえた生《い》き物《もの》の中《なか》から、
つぎの世代《せだい》の動物《どうぶつ》があらわれたのです。

わたしたちの祖先《そせん》も、
森《もり》がなくなって草原《そうげん》があらわれるという大事件《だいじけん》で
たくさんの類人猿《るいじんえん》が絶滅《ぜつめつ》する中《なか》、
それをのりこえたものが人類《じんるい》になりました。

このように、絶滅《ぜつめつ》は自然《しぜん》のしくみのひとつですが、
「自然《しぜん》が引《ひ》き起《お》こした絶滅《ぜつめつ》」と、
「人間《にんげん》がかかわった絶滅《ぜつめつ》」はまったく別物《べつもの》。
なぜならば、人間《にんげん》による絶滅《ぜつめつ》はつぎの進化《しんか》した動物《どうぶつ》を
うみ出《だ》さないからです。
この本《ほん》にはいろいろな動物《どうぶつ》の絶滅《ぜつめつ》した理由《りゆう》が書《か》かれていますが、
ひとつとして同《おな》じ理由《りゆう》はありません。
この機会《きかい》に、そのちがいを考《かんが》えてみてもいいかもしれません。

今泉忠明《いまいずみただあき》

わたしたち、みんな絶滅《ぜつめつ》しました。

地球《ちきゅう》にはじめて生命《せいめい》がうまれたのは、
およそ40億年前《おくねんまえ》。
たったひとつの「細胞《さいぼう》」が、
海《うみ》の中《なか》で偶然《ぐうぜん》うまれたようです。
細胞《さいぼう》とは、目《め》に見《み》えないほど細《こま》かな、
いちばん小《ちい》さい命《いのち》の単位《たんい》。
これがすべての「命《いのち》」のはじまりでした。
でも、はじまりがあれば、
かならず終《お》わりもあります。
命《いのち》の終《お》わりは「死《し》」。
そして、種《しゅ》の終《お》わりが「絶滅《ぜつめつ》」です。

絶滅《ぜつめつ》とは、その種類《しゅるい》の生《い》き物《もの》が、
この世《よ》から1匹《ぴき》残《のこ》らず消《き》えること。
強《つよ》い生《い》き物《もの》も、賢《かしこ》い生《い》き物《もの》も
たくさんいました。
けれど、さまざまな理由《りゆう》で
ほろびていったのです。

じゃあ、どうしてほろびたの？

地球《ちきゅう》の前《まえ》で、生《い》き物《もの》は無力《むりょく》。

生《い》き物《もの》が絶滅《ぜつめつ》した理由《りゆう》は、大《おお》きくふたつに分《わ》けられます。

1 地球《ちきゅう》のせい
2 ほかの生《い》き物《もの》のせい

そして、**圧倒的《あっとうてき》に多《おお》かったのが、地球《ちきゅう》のせいで起《お》きる絶滅《ぜつめつ》です。**
地球《ちきゅう》の環境《かんきょう》が大《おお》きくかわるたび、ほとんどの生《い》き物《もの》がほろんできました。
これを「大絶滅《だいぜつめつ》」といいます。
今《いま》まで何度《なんど》も大絶滅《だいぜつめつ》は起《お》きていて、
そのたびに地球《ちきゅう》のメンバーがガラリと入《い》れかわってきたのです。
生《い》き残《のこ》れるのは、たまたま難《なん》をのがれたラッキーな生《い》き物《もの》だけ。
地球《ちきゅう》を前《まえ》にしたら、強《つよ》いとか弱《よわ》いとか、
そんなことはまったく関係《かんけい》ありません。

3位《い》
人間《にんげん》のせい

人間《にんげん》ほどほかの生《い》き物《もの》をほろぼしてきた生《い》き物《もの》はいない。狩《か》りつくしたり、環境《かんきょう》をかえてしまったりすることで絶滅《ぜつめつ》を引《ひ》き起《お》こす。ただし、1位《い》・2位《い》にくらべると、割合《わりあい》はだいぶ少《すく》ない。

絶《ぜつ》滅《めつ》理《り》由《ゆう》ランキング

圧倒的《あっとうてき》1位《い》

りふじんな環境《かんきょう》の変化《へんか》

火山《かざん》が爆発《ばくはつ》する、隕石《いんせき》が落《お》ちてくる、ものすごく暑《あつ》くなる、逆《ぎゃく》にものすごく寒《さむ》くなる、酸素《さんそ》がなくなる……といった、生《い》き物《もの》がどうがんばっても生《い》き残《のこ》れない状況《じょうきょう》に地球《ちきゅう》の環境《かんきょう》が変化《へんか》してしまい、絶滅《ぜつめつ》が起《お》きる。

ちなみに、大絶滅《だいぜつめつ》の中《なか》でも
とくに規模《きぼ》の大《おお》きい5回《かい》は
「ビッグファイブ」とよばれています

地球《ちきゅう》は
みんなに平等《びょうどう》。
ただし、
きびしい意味《いみ》で。

2位《い》

ライバルの出現《しゅつげん》

より速《はや》く動《うご》ける、より頭《あたま》がいい、より省《しょう》エネ……など、自分《じぶん》より環境《かんきょう》に適《てき》応《おう》したライバルに、えものやすみかをうばわれて絶滅《ぜつめつ》が起《お》きる。しかも、そのライバルは自分《じぶん》の子孫《しそん》からあらわれることもある。

生《い》き残《のこ》るって、たいへんだ。

前《まえ》のページでご説明《せつめい》した「りふじんな環境《かんきょう》の変化《へんか》」でどんなことが起《お》きるかというとざっくりこんな感《かん》じです。

これらすべてのピンチをのりきるなんて、どう考《かんが》えても無理《むり》ですよね。

実際《じっさい》、今《いま》まで地球《ちきゅう》にうまれた数《かぞ》えきれないほどの生《い》き物《もの》のうち、**99・9%の種《しゅ》が絶滅《ぜつめつ》しているのです。**

こうして
大絶滅《だいぜつめつ》は起《お》きた!

地球《ちきゅう》がちりでおおわれて
太陽《たいよう》の光《ひかり》が
届《とど》かなくなり真《ま》っ暗《くら》に
温暖化《おんだんか》して
氷《こおり》がとけて水没《すいぼつ》する
宇宙《うちゅう》から
放射線《ほうしゃせん》が降《ふ》りそそぐ
そこらじゅうで
火山《かざん》が大爆発《だいばくはつ》する
巨大《きょだい》な隕石《いんせき》が
落《お》ちてくる

地球《ちきゅう》にうまれた生《い》き物《もの》は、
いつか絶滅《ぜつめつ》する運命《うんめい》。
むしろ、
生《い》き残《のこ》ることのほうが、
例外《れいがい》なのです。

じゃあ絶滅《ぜつめつ》って、悲《かな》しい？

そういうわけでもありません。
じつは、絶滅《ぜつめつ》は悪《わる》いことばかりではないのです。

地球《ちきゅう》で生《い》きられる生《い》き物《もの》の数《かず》には、限《かぎ》りがあります。
空気《くうき》や水《みず》、土《つち》といった資源《しげん》には限《かぎ》りがあるので、
生《い》き物《もの》が無限《むげん》に増《ふ》え続《つづ》けることはできません。

たとえるなら、わたしたち生《い》き物《もの》は、
地球全体《ちきゅうぜんたい》でイスとりゲームをしているようなもの。
空席《くうせき》ができないと、べつの種類《しゅるい》の生《い》き物《もの》が
増《ふ》えるチャンスはありません。

6600万年前《まんねんまえ》まで、
地球《ちきゅう》の王者《おうじゃ》は
恐竜《きょうりゅう》たちだった。
かれらが地球《ちきゅう》のいい席《せき》を
独占《どくせん》していたせいで、
ほかの種《しゅ》は
ひっそりくらしていた。
ちっ…
ところが、地球《ちきゅう》に隕石《いんせき》が落《お》ち、
寒《さむ》くなって恐竜《きょうりゅう》たちが絶滅《ぜつめつ》！
とつぜん地球全体《ちきゅうぜんたい》に
巨大《きょだい》な空席《くうせき》ができた。
おっ
その空席《くうせき》にすわったのが、
ほ乳類《にゅうるい》や鳥類《ちょうるい》。
陸《りく》・海《かい》・空《くう》すべての環境《かんきょう》に
進出《しんしゅつ》し、一気《いっき》に体《からだ》が大《おお》きくなり、
いろいろなすがたのものが
あらわれた。

つまり、恐竜《きょうりゅう》が絶滅《ぜつめつ》しなければ、わたしたち人間《にんげん》はうまれていない！

絶滅《ぜつめつ》と進化《しんか》は背中合《せなかあ》わせなのです。

だけどやっぱり絶滅《ぜつめつ》したくない！

絶滅《ぜつめつ》は、どんな生《い》き物《もの》にも平等《びょうどう》に訪《おとず》れます。
ということは、今《いま》、
この本《ほん》を読《よ》んでいるあなたの背後《はいご》にも
絶滅《ぜつめつ》の魔《ま》の手《て》が
せまっているかもしれないのです。

でも、わたしたち人間《にんげん》には、
絶滅《ぜつめつ》に立《た》ち向《む》かうための「武器《ぶき》」があります。

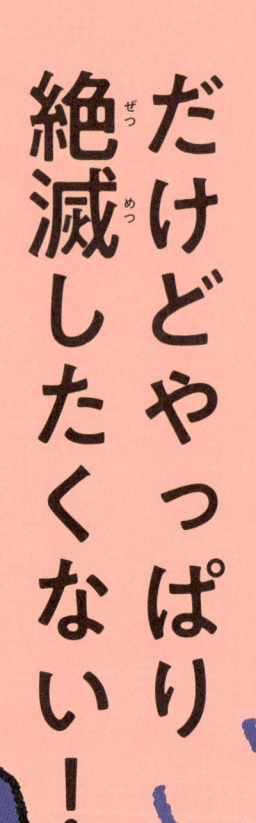

それは、学《まな》んで考《かんが》えること。
いろんな生《い》き物《もの》が
絶滅《ぜつめつ》したわけを知《し》っておけば、
これからの地球《ちきゅう》で
生《い》き残《のこ》っていく方法《ほうほう》を
思《おも》いつくかもしれません。

と、いうわけで
絶滅《ぜつめつ》した生《い》き物《もの》たちに、
直接《ちょくせつ》、ほろびた理由《りゆう》を
きいてみましょう！

もくじ

1 油《ゆ》断《だん》して、絶《ぜつ》滅《めつ》

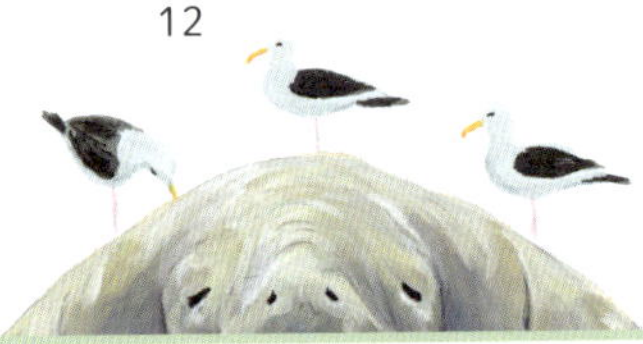

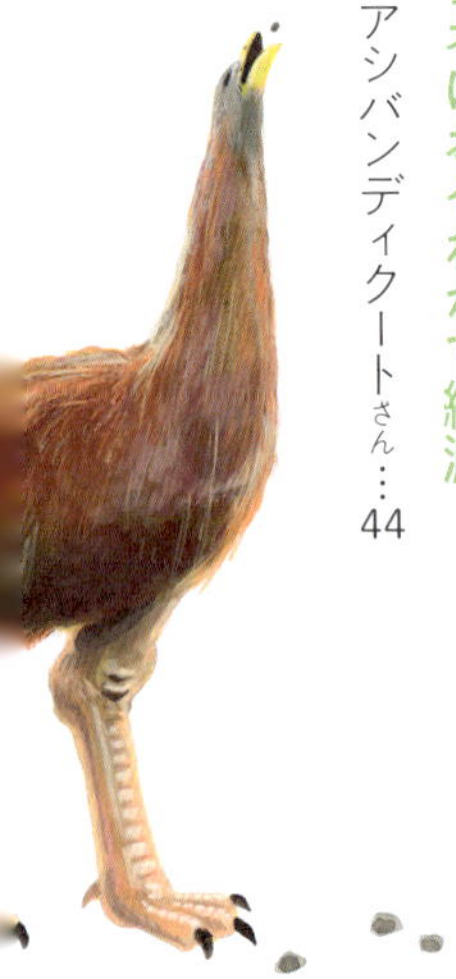

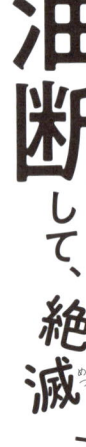

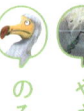

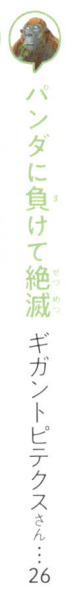

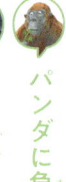

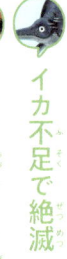

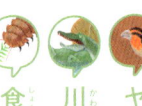

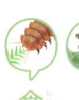

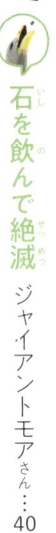

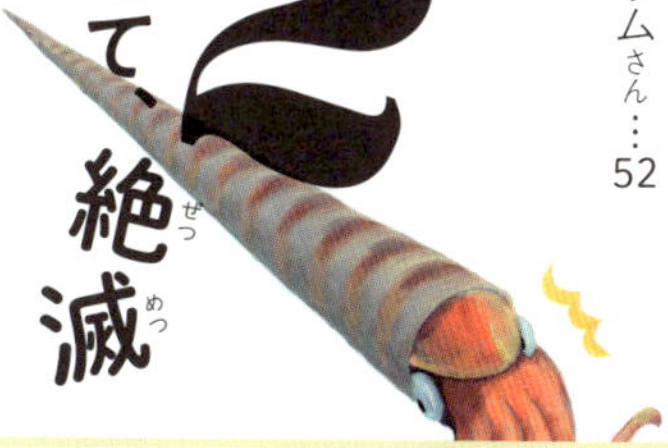

2 やりすぎて、絶《ぜつ》滅《めつ》

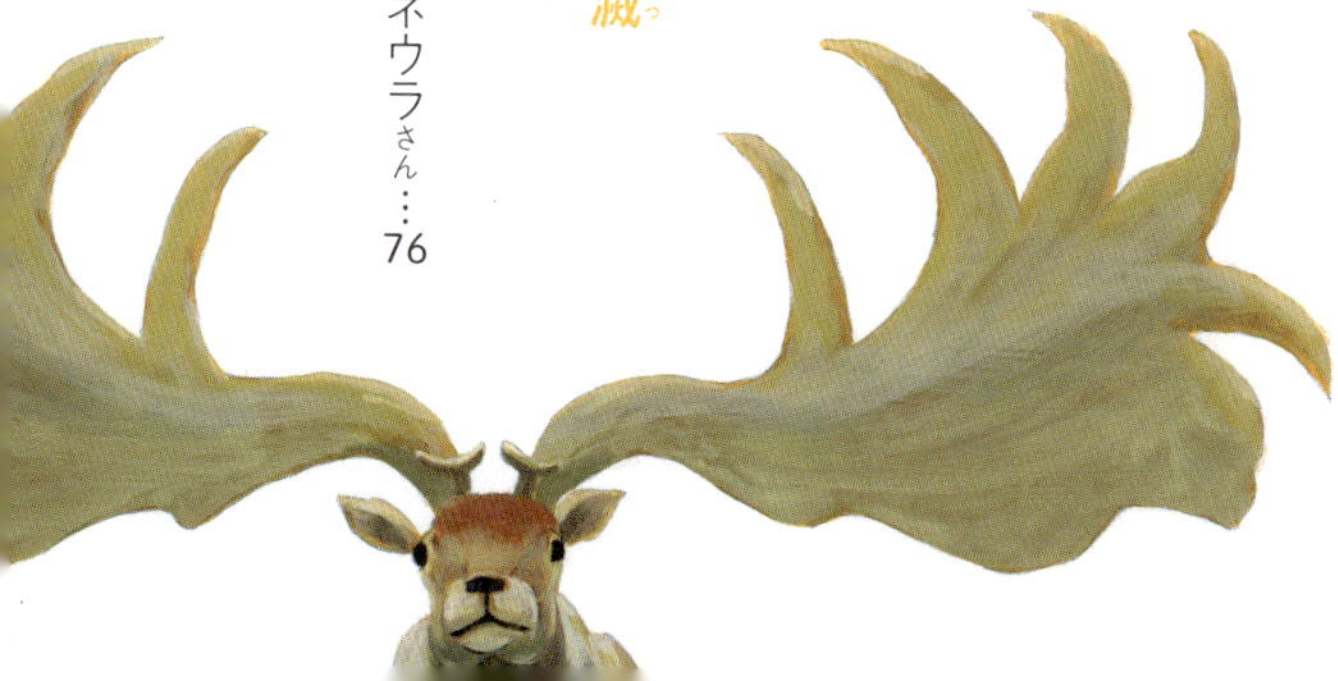

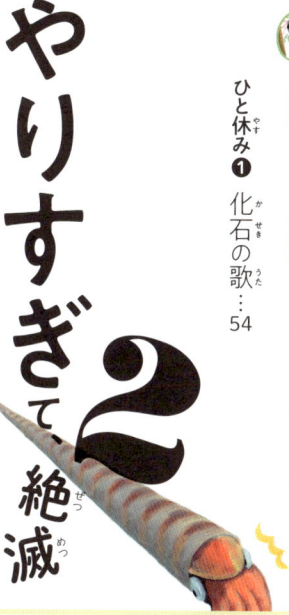

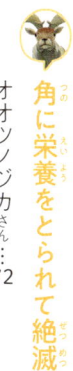

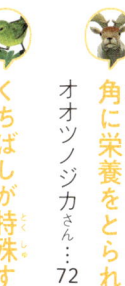

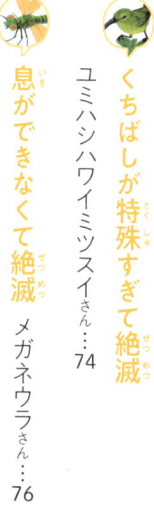

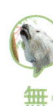

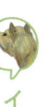

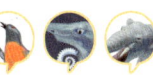

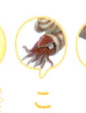

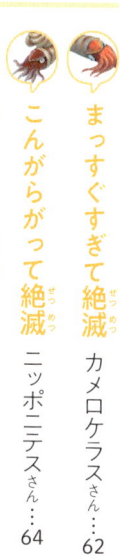

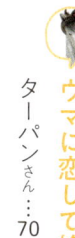

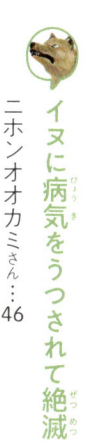

3 不《ぶ》器《き》用《よう》で、絶《ぜつ》滅《めつ》

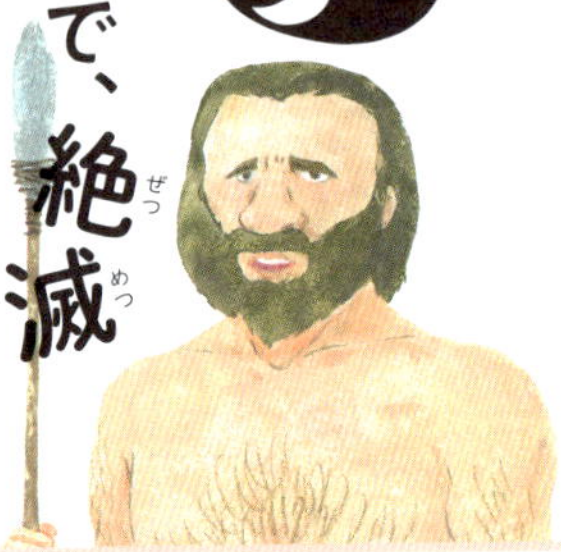

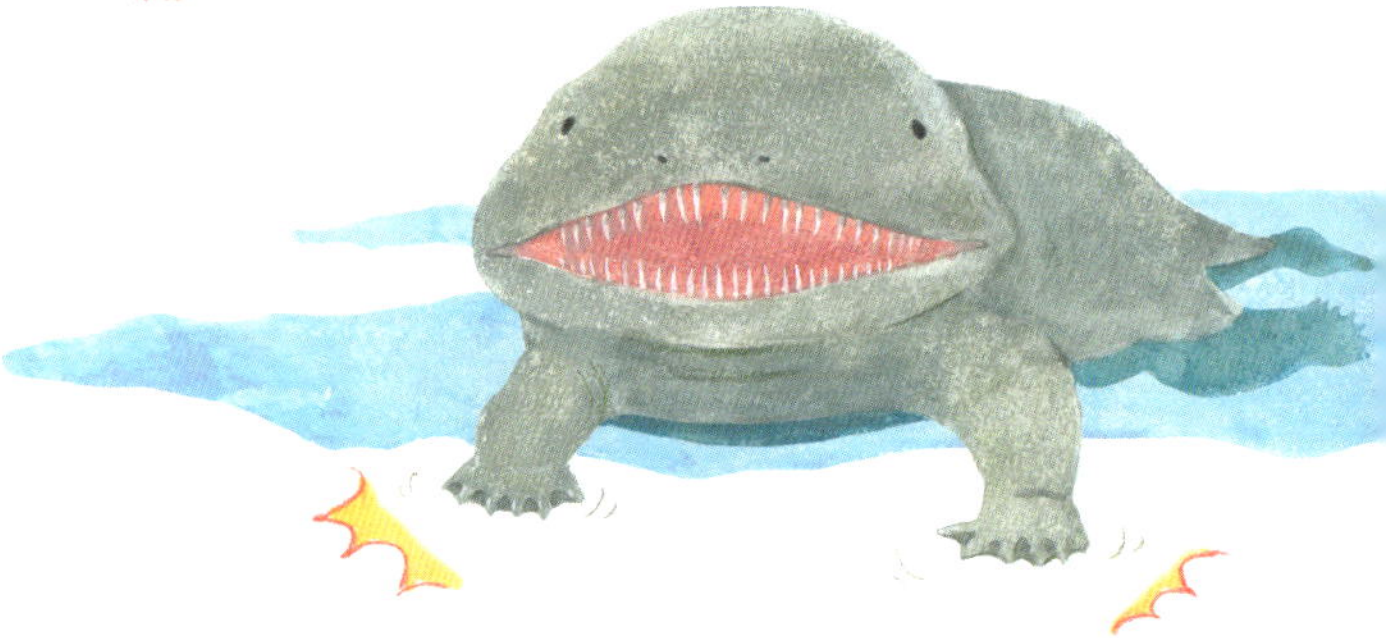

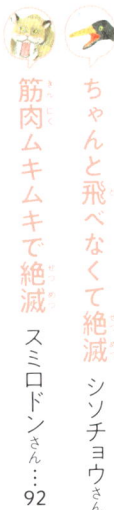

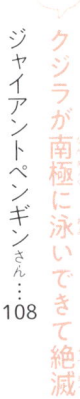

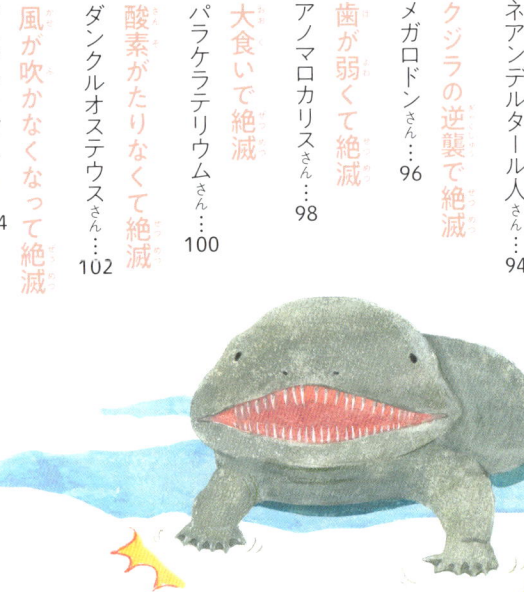

4 不《ふ》運《うん》にも、絶《ぜつ》滅《めつ》

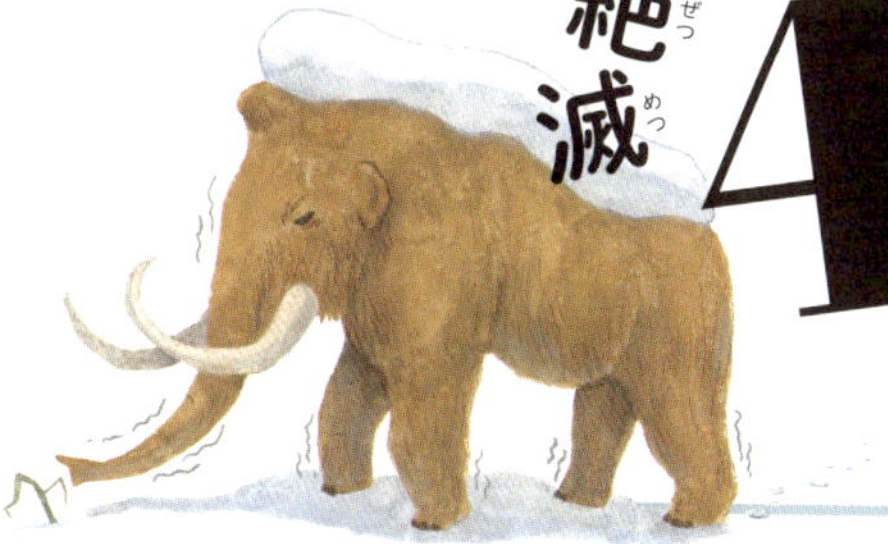

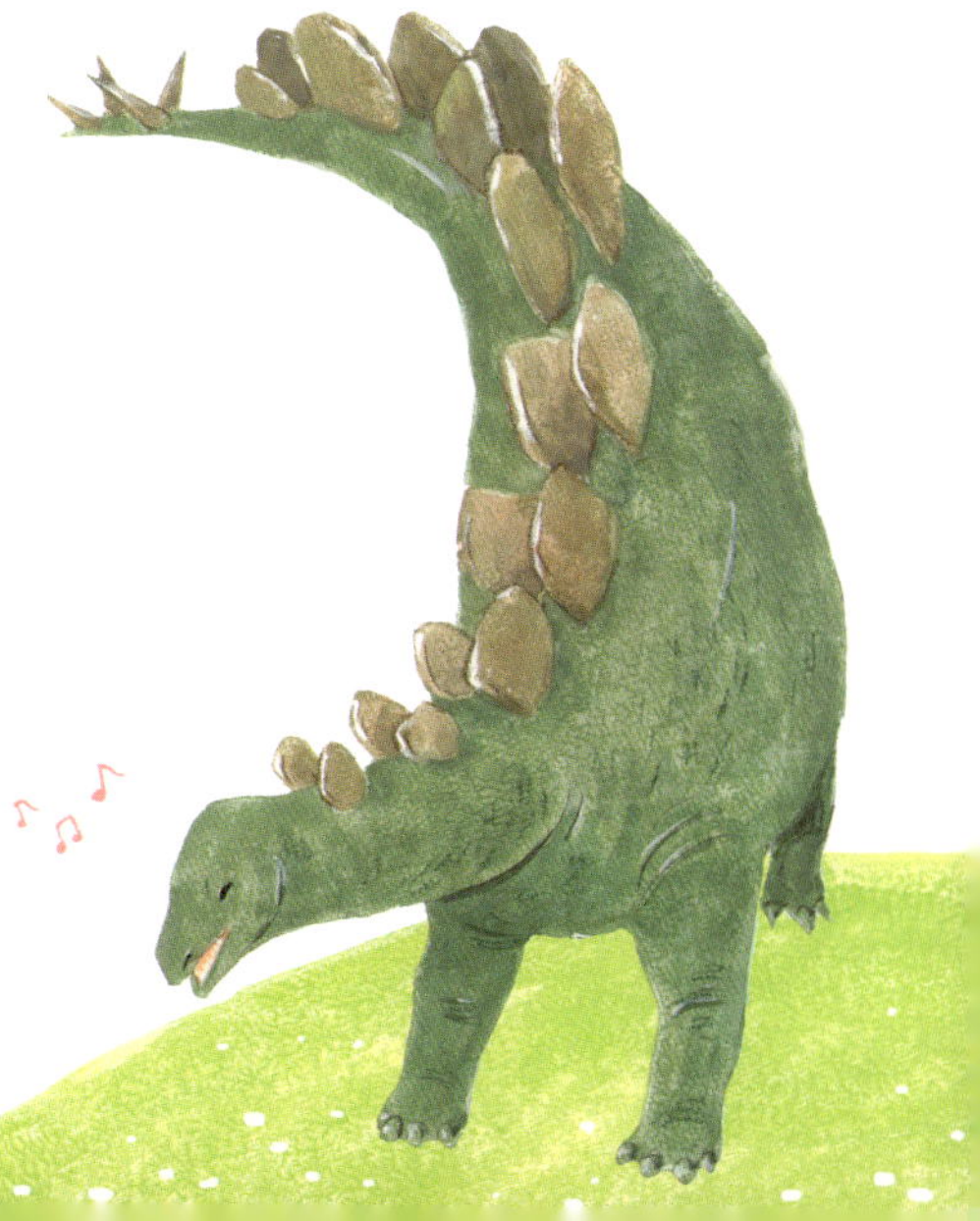

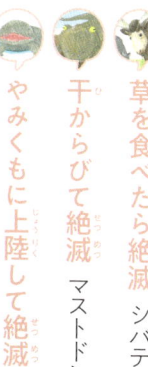

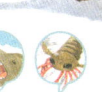

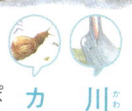

絶《ぜつ》滅《めつ》しそうで、してない 5

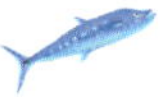

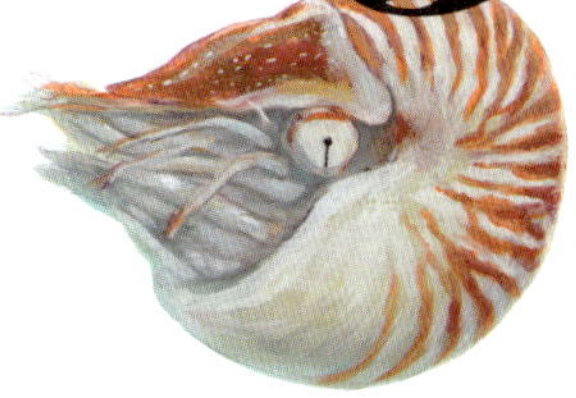

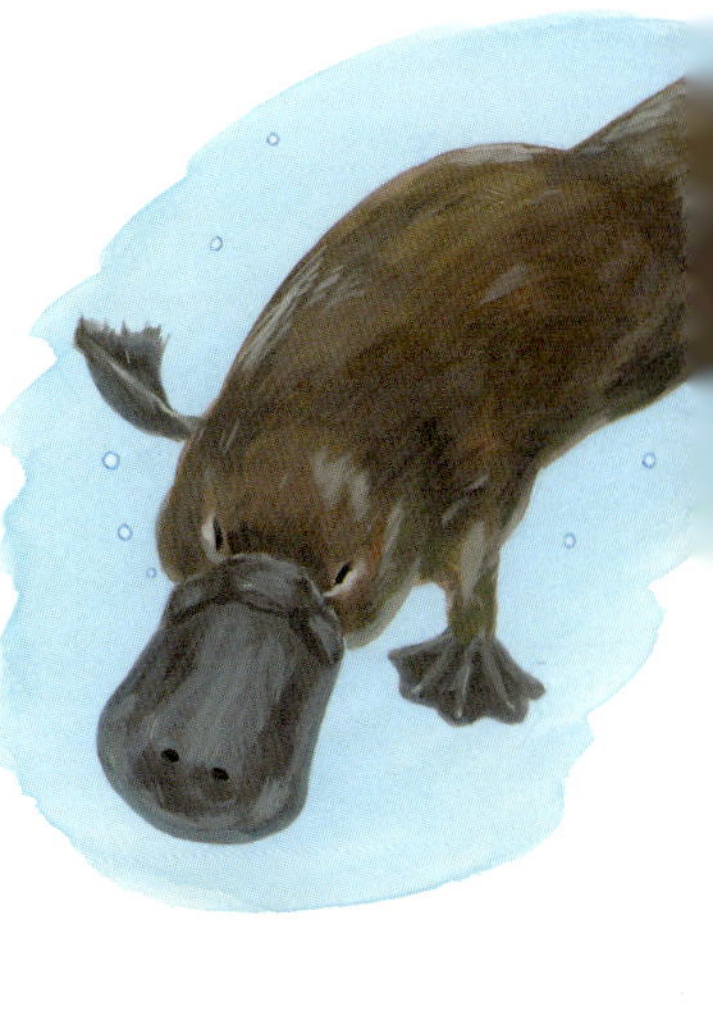

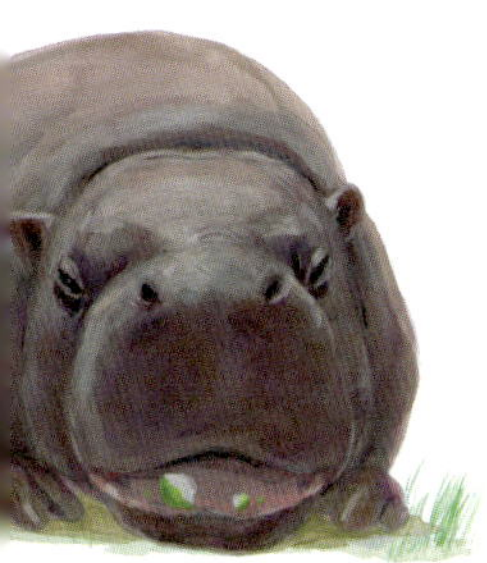

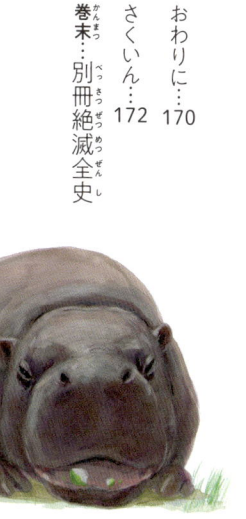

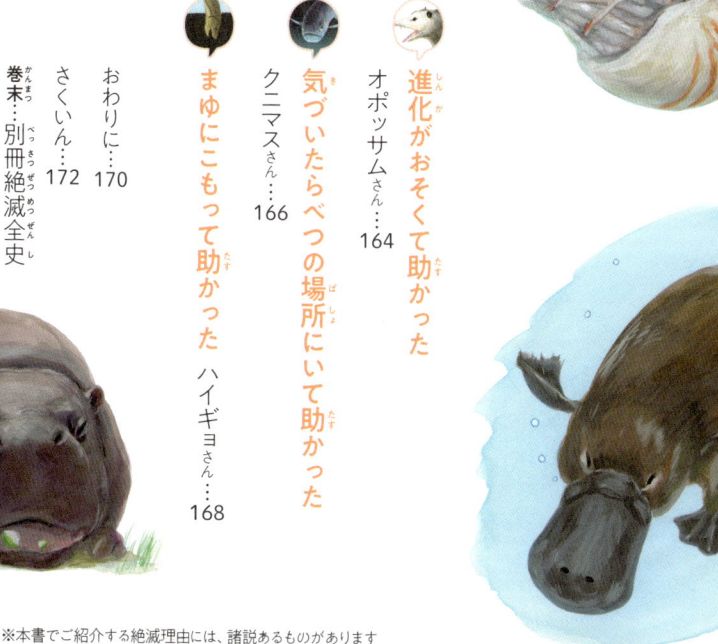

※本書でご紹介する絶滅理由には、諸説あるものがあります

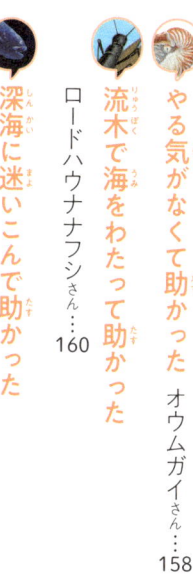

この本《ほん》のオツな楽《たの》しみ方《かた》

この本《ほん》は、だれが、いつ読《よ》んでも、どこから読《よ》みはじめてもかまいません。
ただひたすらに語《かた》られる、いろんな生《い》き物《もの》たちの絶滅理由《ぜつめつりゆう》に
耳《みみ》をかたむけてみてください。

ところで、みなさんは「データ」のおもしろさを知《し》っていますか？
この本《ほん》には、じつはいろんなデータが載《の》っています。
気《き》が向《む》いたら、こちらを参考《さんこう》にデータを味《あじ》わってみるのも
いいかもしれません。

❶ 基本《きほん》データ

生《い》き物《もの》のリアルなすがたや、体《からだ》の大《おお》きさ（生《い》き物《もの》によって測《はか》り方《かた》がちがう）、生息地《せいそくち》などがわかる。「こんなもの食《た》べていたんだ」とか「なんだか寒《さむ》そうな場《ば》所《しょ》にすんでいたんだな」なんて、その生《い》き物《もの》のことを深《ふか》く知《し》るのもいいし、ほかの生《い》き物《もの》とくらべてみるのもいい。

❷ 解説《かいせつ》

生《い》き物《もの》の生態《せいたい》や、絶滅《ぜつめつ》した理《り》由《ゆう》がくわしくわかる。基本《きほん》データと合《あ》わせると、かれらが生《い》きていたときのようすを想像《そうぞう》しやすいかもしれない。

❸ 生息年代《せいそくねんだい》

その生《い》き物《もの》がいつあらわれ、いつ絶滅《ぜつめつ》したのか、パッと見《み》ただけでざっくり期間《きかん》がわかる。ずいぶん長《なが》いあいだ生《い》きていたものもいれば、あっという間《ま》にほろんだものもいる。

新生代《しんせいだい》						
古第三紀《こだいさんき》			新第三紀《しんだいさんき》		第四紀《だいよんき》	
暁新世《ぎょうしんせい》	始新世《ししんせい》	漸新世《ぜんしんせい》	中新世《ちゅうしんせい》	鮮新世《せんしんせい》	更新世《こうしんせい》	完新世《かんしんせい》

←今《いま》はここ

わたしたちが生《い》きている「今《いま》」は新生代《しんせいだい》にあたる。新生代《しんせいだい》は大《おお》きく3つの「紀《き》」に区分《くぶん》されるが、じつはさらに細《こま》かい7つの「世《せい》」に分《わ》けられる。ややこしいので生息年代《せいそくねんだい》には載《の》せていないが、知《し》っておくとより正確《せいかく》な絶滅情報《ぜつめつじょうほう》を得《え》られる。

それでは、どうぞ、気《き》の向《む》くままに。

1

油断《ゆだん》して、絶滅《ぜつめつ》

どんな生《い》き物《もの》にも、いい時代《じだい》はある。
だけど永遠《えいえん》じゃない。
気《き》をぬいた瞬間《しゅんかん》、絶滅《ぜつめつ》はもうすぐそこにいる。

ステラーカイギュウさん

やさしすぎて絶《ぜつ》滅《めつ》

もっしゃ…… もっしゃ……
もっしゃ……
こう見《み》えて体重《たいじゅう》8t《トン》

ぼくは北極《ほっきょく》に近《ちか》い海《うみ》で2000頭《とう》のなかまとくらしていたんだ。あのころは幸《しあわ》せだったなあ。けんかもせず、**ぼくらはコンブばっか食《た》べてた。**コンブをかみしめ、幸《しあわ》せをかみしめ。地味《じみ》だけど、平和《へいわ》な毎《まい》日《にち》だった。

そんなある日《ひ》、ぼくらのところに**たくさんの船《ふね》がやってきた。**どうやらぼくらを偶然《ぐうぜん》つかまえて食《た》べた人《にん》間《げん》が、「うまい！」ってうわさを広《ひろ》めたみたい。それで肉《にく》や皮《かわ》をとるためにやってきたんだ。

当然《とうぜん》、にげたさ。**でもね、速《はや》く泳《およ》げないんだよ。主食《しゅしょく》がコンブだから。**それにぼくらは傷《きず》ついたなかまを見《み》捨《す》てることができなかった。

だから、なかまが人間《にんげん》におそわれると、みんなで集《あつ》まって一生懸命《いっしょうけんめい》助《たす》けようとしたんだ。それで人間《にんげん》たちにまとめてつかまっちゃったのさ。

こうすりゃよかった

ふだんから
魚《さかな》を追《お》いかけていれば、
もっと速《はや》く泳《およ》げたかもね

絶滅年代《ぜつめつねんだい》	1768年《ねん》
大《おお》きさ	体長《たいちょう》8m
生息地《せいそくち》	北太平洋《きたたいへいよう》（ベーリング海《かい》）
食《た》べ物《もの》	海藻《かいそう》
分類《ぶんるい》	ほ乳類《じゅうるい》

寒《さむ》い海《うみ》に適応《てきおう》し、脂肪《しぼう》をたくわえて大型化《おおがたか》したジュゴンのなかま。現在《げんざい》のジュゴンやマナティは水中《すいちゅう》の植物《しょくぶつ》を奥歯《おくば》などですりつぶして食《た》べるが、ステラーカイギュウは歯《は》をもたず、海藻《かいそう》を歯《は》ぐきでかみちぎって食《た》べていた。なかまが攻撃《こうげき》されると、集《あつ》まってきて守《まも》ろうとする性質《せいしつ》があったため、ひじょうに人間《にんげん》につかまりやすく、発見《はっけん》されてからわずか27年《ねん》で絶滅《ぜつめつ》してしまった。

先カンブリア時代	古生代						中生代			新生代		
	カンブリア紀	オルドビス紀	シルル紀	デボン紀	石炭紀	ペルム紀	三畳紀	ジュラ紀	白亜紀	古第三紀	新第三紀《しんだいさんき》	第四紀《だいよんき》

のろますぎて絶《ぜつ》滅《めつ》

いや～絶滅《ぜつめつ》しちゃいました。えっ、のんきすぎるって？ それよく言《い》われるんですよねえ。わたしら、アフリカの近《ちか》くにある小《ちい》さな島《しま》にすんでたんですけど、400年《ねん》ちょっと前《まえ》から外国《がいこく》の船《ふね》がたくさん来《く》るようになりまして。

それで人間《にんげん》が近《ちか》よってくるんでね、**「どうしたどうした」ってこっちも近《ちか》よっ**

ドードーさん
卵《たまご》はてきとうに地《じ》べたにうむ

たら、がっつり食《た》べられちゃいました。もう、びっくりですよ。

なんせそれまで敵《てき》がいなかったもんで。飛《と》べないわ走《はし》れないわで、素手《すで》でサクッとつかまえられちゃいました。多《おお》いときは**一日《いちにち》200羽《ぱ》ペースで。**

あとね、人間《にんげん》がイヌやらネズミやらを島《しま》に連《つ》れてきまして、卵《たまご》が食《た》べられちまったんですよ。わたしらいちおう鳥《とり》なんですけど、**地《じ》べたに卵《たまご》うんでたんで。**無《む》防備《ぼうび》すぎでしたねぇ……。

こうすりゃよかった

卵《たまご》を穴《あな》にかくすとか、もっと警戒心《けいかいしん》があったらねぇ

絶滅年代《ぜつめつねんだい》	1681年《ねん》
大《おお》きさ	全長《ぜんちょう》1m
生息地《せいそくち》	モーリシャス島《とう》
食《た》べ物《もの》	果実《かじつ》
分類《ぶんるい》	鳥類《ちょうるい》

こう見《み》えてドードーはハトのなかま。アフリカなどから飛《と》んできた祖先《そせん》が、天敵《てんてき》のいない島《しま》で大型化《おおがたか》し、飛《と》べなくなったのだろう。モーリシャス島《とう》は火山活動《かざんかつどう》でうまれた離《り》島《とう》なので、コウモリ以外《いがい》には乳類《じゅうるい》は入《はい》ってこられなかった。ずっと安《あん》全《ぜん》な環境《かんきょう》でくらしていたため、かれらはとつぜんあらわれた人間《にんげん》に警戒《けいかい》できなかったのだ。

先カンブリア時代	古生代						中生代			新生代		
	カンブリア紀	オルドビス紀	シルル紀	デボン紀	石炭紀	ペルム紀	三畳紀	ジュラ紀	白亜紀	古第三紀	新第三紀	第四紀《だいよんき》

パンダに負《ま》けて絶《ぜつ》滅《めつ》

ギガントピテクスさん

もぐ…
もぐ…
モグモグモグモグ
まだ小《ちい》さかった
パンダの祖先《そせん》
ゴリラの約《やく》1.5倍《ばい》サイズ

あ、食《く》った気《き》しないわぁ……。**体《からだ》はデカいけど、あたしこう見《み》えてベジタリアンなの。**最初《さいしょ》は今《いま》の中国辺《ちゅうごくあた》りの森《もり》でくらしてて、果物《くだもの》もバカスカ食《く》いまくってたんだけどね。

それが時代《じだい》とともにすすめる森《もり》が減《へ》って、果物《くだもの》も少《すく》なくなってしまったの。で、目《め》をつけたのがササよ。

正直迷《しょうじきまよ》ったわ。周《まわ》りの動物《どうぶつ》もきっと「え、姉《ねえ》さんササに手《て》え出《だ》しちゃったんすか(笑《わらい》)」って思《おも》ってたはず。**それくらいササは栄養《えいよう》がなくて、だれも食《た》べなかったのよ。**

それでもあたしは食《た》べた、プライドを捨《す》てて食《た》べたわ。

でも同《おな》じときにあらわれたのよ、**パンダのやろうが。**あいつら、かわいい顔《かお》してものすごい量《りょう》を食《く》うの！ おかげでササがたりなくなっちゃって、体《からだ》のデカいあたしが先《さき》に絶滅《ぜつめつ》したってオチよ。

こうすりゃよかった
ササ以外《いがい》の食《た》べ物《もの》を探《さが》して、ちがう場所《ばしょ》に引《ひ》っ越《こ》せばよかったわ

絶滅年代《ぜつめつねんだい》	第四紀《だいよんき》(更新世後期《こうしんせいこうき》)
大《おお》きさ	身長《しんちょう》3m
生息地《せいそくち》	アジア
食《た》べ物《もの》	植物《しょくぶつ》
分類《ぶんるい》	ほ乳類《にゅうるい》

史上最大《しじょうさいだい》の霊長類《れいちょうるい》。じつは、わたしたち(ヒト)に近《ちか》い類人猿《るいじんえん》だ。ただし、発見《はっけん》されている化石《かせき》は、巨大《きょだい》な下《した》アゴの骨《ほね》と歯《は》だけなので、実際《じっさい》の大《おお》きさやすがたはよくわかっていない。第四紀《だいよんき》に地球《ちきゅう》全体《ぜんたい》が寒冷化《かんれいか》して森林《しんりん》が少《すく》なくなったため、食料不足《しょくりょうぶそく》におちいってしまった。そこで、寒《さむ》さに強《つよ》く生長《せいちょう》の早《はや》いササを食《た》べるようになったが、充分《じゅうぶん》な栄養《えいよう》をとれずに絶滅《ぜつめつ》したと考《かんが》えられている。

先カンブリア時代	古生代						中生代			新生代		
	カンブリア紀	オルドビス紀	シルル紀	デボン紀	石炭紀	ペルム紀	三畳紀	ジュラ紀	白亜紀	古第三紀	新第三紀《しんだいさんき》	第四紀《だいよんき》

イカ不足《ぶそく》で絶滅《ぜつめつ》

い
かーんッ！ イカがいなくなってしまったぞ。**海底火山《かいていかざん》がドカンと噴火《ふんか》したせいで、イカが酸欠《さんけつ》になってみんな死《し》んじゃったじゃないか。**

わし、イカばっか食《た》べて生《い》きてるから、困《こま》った困《こま》った。ほかのえもののつかまえ方《かた》なんて、わからぬぞ。

えっ、魚《さかな》を食《た》べればいいじゃない？ 超音波《ちょうおんぱ》で居場所《いばしょ》を探《さが》して……ってそれイ

魚竜《ぎょりゅう》さん

ルカじゃないか！ **わし、イルカじゃなくて魚竜《ぎょりゅう》だから！ えものはキョロキョロして探《さが》すしかないの。**

このスタイルで2億《おく》5000万年前《まんねんまえ》から1億年《おくねん》以上《いじょう》も海《うみ》を支配《しはい》してきたの！ **見《み》た目《め》で判断《はんだん》してまちがえてはいかんぞ！**

まったく、いかったら腹《はら》が減《へ》ってきたわい。イカでも食《た》べて落《お》ち着《つ》こう……って、いかーんッ！ イカいないんじゃやったわ！

＊おまけ…「いか」って何回《なんかい》言《い》ったか数《かぞ》えてみよう！

答《こた》え…12回《かい》

こうすりゃよかった

食《た》べ物《もの》にこだわりすぎなければよかったのう……

地上《ちじょう》で恐竜《きょうりゅう》が栄《さか》えていた中生代《ちゅうせいだい》に、海《うみ》で栄《さか》えたは虫類《ちゅうるい》が魚竜《ぎょりゅう》だ。魚竜《ぎょりゅう》の絶滅《ぜつめつ》は、海底《かいてい》火山《かざん》の噴火《ふんか》のせいだという説《せつ》がある。噴火《ふんか》の影響《えいきょう》で海水《かいすい》の酸素《さんそ》がなくなってしまい、主食《しゅしょく》にしていたベレムナイト（イカに近《ちか》いなかまの頭足類《とうそくるい》）が激減《げきげん》。魚竜《ぎょりゅう》は飢《う》え死《じ》にしてしまったというわけだ。ちなみに、イルカは魚竜《ぎょりゅう》と同《おな》じような環境《かんきょう》に適応《てきおう》したため、たまたま似《に》たようなすがたに進化《しんか》したが、まったくべつの生《い》き物《もの》である。

絶滅年代《ぜつめつねんだい》	白亜紀中期《はくあきちゅうき》
大《おお》きさ	全長《ぜんちょう》0.3〜21m
生息地《せいそくち》	世界中《せかいじゅう》の海《うみ》
食《た》べ物《もの》	ベレムナイトなど
分類《ぶんるい》	は虫類《ちゅうるい》

先カンブリア時代	古生代						中生代			新生代		
	カンブリア紀	オルドビス紀	シルル紀	デボン紀	石炭紀	ペルム紀	三畳紀《さんじょうき》	ジュラ紀《じゅらき》	白亜紀《はくあき》	古第三紀	新第三紀	第四紀

ヤギが大《おお》食《ぐ》いで絶《ぜつ》滅《めつ》

みなさま、ごきげんよう。オガサワラマシコでございます。

わたくしは江《え》戸《ど》時《じ》代《だい》末《まっ》期《き》に絶《ぜつ》滅《めつ》するまで、日《に》本《ほん》の小《お》笠《がさ》原《わら》諸《しょ》島《とう》でくらしておりました。

昔《むかし》は人《にん》間《げん》も敵《てき》もいなかったものですから、**これ幸《さいわ》いとばかりに地《じ》面《めん》に落《お》ちている木《き》の実《み》なんかを拾《ひろ》って食《た》べておりましたの。**見《み》てのとおり鳥《とり》なんですけれど、**わたくしはあんまり飛《と》ぶのが好《す》きじゃないんです。**

まあ、それはそうと、ヤギ！ もーあの方《かた》たちが島《しま》に来《き》たときからおかしくなった！

1830年《ねん》ごろからいろんな国《くに》の方《かた》が島《しま》にうつりすんできたんですが、**その方《かた》たちが連《つ》れてきたヤギが地《ち》上《じょう》の植《しょく》物《ぶつ》をぜーんぶ食《た》べてしまって。**

おかげでわたくしは土《つち》とにらめっこするしかなくなってしまいましたのよ！

油断《ゆだん》して、絶滅《ぜつめつ》

絶滅年代《ぜつめつねんだい》 19世紀前半《せいきぜんはん》

大《おお》きさ 全長《ぜんちょう》16cm

生息地《せいそくち》 小笠原諸島《おがさわらしょとう》

食《た》べ物《もの》 木《き》の実《み》など

分類《ぶんるい》 鳥類《ちょうるい》

こうすりゃよかった

木《き》からおりて地面《じめん》で生活《せいかつ》したのが失敗《しっぱい》でしたわ

マシコというのは「ましら（昔《むかし》のサルのよび名《な》）」の子《こ》の意味《いみ》。顔《かお》が赤《あか》いようすをサルにたとえたという。地上《ちじょう》や低《ひく》い枝《えだ》で木《き》の実《み》や新芽《しんめ》を食《た》べ、あまり高《たか》い枝《えだ》には飛《と》んでいかなかった。小笠原《おがさわら》諸島《しょとう》は19世紀《せいき》までほぼ無人《むじん》だったが、人間《にんげん》とともに家畜《かちく》などが入《はい》ってくると、ヤギに食《た》べものをうばわれ、ネコにおそわれ、ネズミに卵《たまご》を食《く》われてしまい、短期間《たんきかん》で絶滅《ぜつめつ》してしまったようだ。

先カンブリア時代	古生代						中生代			新生代		
	カンブリア紀	オルドビス紀	シルル紀	デボン紀	石炭紀	ペルム紀	三畳紀	ジュラ紀	白亜紀	古第三紀	新第三紀	第四紀《だいよんき》

川《かわ》から出《で》られなくて 絶《ぜつ》滅《めつ》

A……川《かわ》、せまいね

Bおまえらどっか行《い》けよ

C今《いま》、日光《にっこう》で体《からだ》あたためてるから無理《むり》

A背中《せなか》の帆《ほ》がじゃまで地上《ちじょう》を歩《ある》きたくない

Bやっぱ川《かわ》にいるしかないか～

ACいたしかたない

Bじゃあ、いっそ海《うみ》に行《い》っちゃう？

A海《うみ》は無理《むり》でしょ

C魚竜《ぎょりゅう》とか首長竜《くびながりゅう》とか、泳《およ》ぎの得意《とくい》なやつらがいっ

ああ、八方《はっぽう》ふさがり

スピノサウルスさん

ぱいいるじゃん
B それはかなわないわ〜
A でも、おなかすいたよ
C 魚《さかな》いないもんね
B まあ、おれたちが食《く》いつくしたからね
A あはははははっ
B …………。
A ごめん。笑《わら》ってる場合《ばあい》じゃなかった
C 小《ちい》さい恐竜《きょうりゅう》とかが水《みず》飲《の》みにこないかな〜
B おれたちが丸見《まるみ》えなのに、ノコノコ来《く》るやついないっしょ……
全員《ぜんいん》 はあ〜〜〜

こうすりゃよかった
B「体《からだ》が小《ちい》さければまだやりようがあった」
A C「だな」

スピノサウルスは最大《さいだい》クラスの肉食恐竜《にくしょくきょうりゅう》。水《みず》の浮力《ふりょく》を利用《りよう》することで巨大化《きょだいか》したため、陸上《りくじょう》を歩《ある》くのは苦手《にがて》。そのかわり泳《およ》ぎが得意《とくい》で、長《なが》い口先《くちさき》をふり回《まわ》して魚《さかな》をとらえていたと考《かんが》えられている。かれらは川《かわ》や湖《みずうみ》でくらしていたが、数《かず》が増《ふ》えたりえものが少《すく》なくなったりしても、陸上《りくじょう》を歩《ある》いてほかの川《かわ》に移動《いどう》することがむずかしく、そのままほろびてしまったのだろう。

絶滅年代《ぜつめつねんだい》	白亜紀中期《はくあきちゅうき》
大《おお》きさ	全長《ぜんちょう》16m
生息地《せいそくち》	アフリカ
食《た》べ物《もの》	魚《さかな》
分類《ぶんるい》	は虫類《ちゅうるい》

先カンブリア時代	古生代						中生代			新生代		
	カンブリア紀	オルドビス紀	シルル紀	デボン紀	石炭紀	ペルム紀	三畳紀	ジュラ紀	白亜《はくあ》紀	古第三紀	新第三紀	第四紀

食《しょく》事《じ》がのろくて絶《ぜつ》滅《めつ》

あれー……、あたしもしかしてねらわれてる？　でも食欲《しょくよく》止《と》まんない。シダ植物《しょくぶつ》おいしいー。やみつきになる。

なんか、3億年《おくねん》くらい前《まえ》に空気《くうき》が乾燥《かんそう》して。すんでた森《もり》が小《ちい》さくなったんだー。

そしたら同《おな》じころに、トカゲみたいなは虫類《ちゅうるい》がいっぱい出《で》てきたの。最初《さいしょ》は小《ちい》さくてかわいーって思《おも》ってたんだけど、**そのうちみんなであたしのこと食《た》べはじめて。**あ、そうなんだーって、さすがにちょっとヘコんだ。

あたし見《み》た目《め》はいかついけど、戦《たたか》うのとか苦手《にがて》なんだよねー。葉《は》っぱとか食《た》べてるし。体《からだ》が重《おも》くて移動《いどう》ものろいっていうか……。だから森《もり》から出《で》てにげることもできなかったよねー。

それで**のんびり植物《しょくぶつ》を食《た》べてるとこねらわれて食《た》べられちゃった。**まだあたしも食《た》べてるのにー。

アースロプレウラさん

> **こうすりゃよかった**
> もうちょっと小《ちい》さくなってすばやく動《うご》くとか、そんな感《かん》じ？

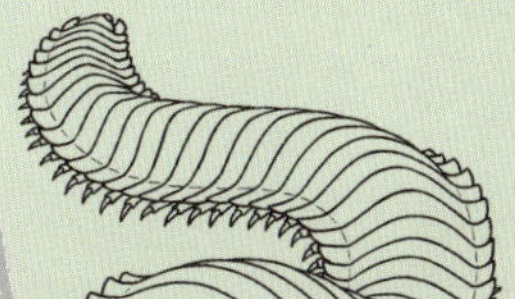

絶滅年代《ぜつめつねんだい》	石炭紀末《せきたんきまつ》
大《おお》きさ	体長《たいちょう》2.3m
生息地《せいそくち》	北《きた》アメリカ
食《た》べ物《もの》	植物《しょくぶつ》
分類《ぶんるい》	多足類《たそくるい》

アースロプレウラはムカデやヤスデに近《ちか》いなかまで、陸上《りくじょう》でくらす節足動物《せっそくどうぶつ》の中《なか》では史上最大《しじょうさいだい》とされる。酸素濃度《さんそのうど》が高《たか》く、温暖《おんだん》で天敵《てんてき》のいない石炭紀《せきたんき》の環境《かんきょう》で巨大化《きょだいか》したが、ペルム紀《き》にかけて気候《きこう》が乾燥《かんそう》してくると数《かず》が減《へ》っていった。そのうえ、新《あら》たに進化《しんか》して増《ふ》えてきたは虫類《ちゅうるい》が、かれらをえものとしてねらうようになったことで、絶滅《ぜつめつ》につき進《すす》んでいったのだろう。

先カンブリア時代	古生代						中生代			新生代		
	カンブリア紀	オルドビス紀	シルル紀	デボン紀	石炭紀《せきたんき》	ペルム紀	三畳紀	ジュラ紀	白亜紀	古第三紀	新第三紀	第四紀

1匹《ぴき》のネコに狩《か》りつくされて絶《ぜつ》滅《めつ》

スティーブンイワサザイさん

見《み》た目《め》はスズメ、能力《のうりょく》はヒヨコ！ それがぼくらでちゅ。**敵《てき》の少《すく》ない環境《かんきょう》でくらしていたら、いつのまにか飛《と》べなくなりまちた！**

ぼくらはスティーブン島《とう》っていう無人島《むじんとう》で平和《へいわ》にくらしていたんでちゅ。

そんなある日《ひ》、島《しま》に灯台《とうだい》ができて、人間《にんげん》がやってきまちた。そのとき1匹《ぴき》のメスネコさんを連《つ》れてきたんでちゅね〜。

ぼくらは、はじめて見《み》るネコさんにドキドキ！ **「なかよくできるかな〜」って近《ちか》づいたら、ものの数秒《すうびょう》で1羽《わ》殺《や》られまちた。**

それから毎日《まいにち》のようにネコさんはぼくらを狩《か》っていったんでちゅ。さらにネコさんがうんだ子《こ》ネコまで狩《か》りに加《くわ》わって、**ネコさんファミリーによる大量虐殺《たいりょうぎゃくさつ》が行《おこな》われまちた。**

こうしてぼくらはほろぼされたのでちゅ。

こうすりゃよかった
平和《へいわ》すぎたのがダメでちた。鳥《とり》は飛《と》べないとダメでちゅね

絶滅年代《ぜつめつねんだい》	1895年《ねん》
大《おお》きさ	全長《ぜんちょう》10cm
生息地《せいそくち》	スティーブン島《とう》
食《た》べ物《もの》	昆虫《こんちゅう》やクモ
分類《ぶんるい》	鳥類《ちょうるい》

敵《てき》となるほ乳類《にゅうるい》がいないニュージーランドで進化《しんか》した結果《けっか》、飛《と》べなくなった鳥《とり》。人間《にんげん》やネズミがニュージーランドにやってくるとほろんでいったが、かろうじて無人島《むじんとう》だったスティーブン島《とう》では生《い》き残《のこ》ったようだ。しかし、島《しま》に灯台《とうだい》が建設《けんせつ》され、ネコがもちこまれると、その最後《さいご》の生息地《せいそくち》でも絶滅《ぜつめつ》してしまった。ネコがくわえてきた死体《したい》をもとに、1894年《ねん》に新種《しんしゅ》として記載《きさい》されている。

先カンブリア時代	古生代						中生代			新生代		
	カンブリア紀	オルドビス紀	シルル紀	デボン紀	石炭紀	ペルム紀	三畳紀	ジュラ紀	白亜紀	古第三紀	新第三紀	第四紀《だいよんき》

イブクロコモリガエルさん

まだまだ出《だ》します

カビが生《は》えて絶《ぜつ》滅《めつ》

ちょっとゲロ美《み》〜！ ゲロ蔵《ぞう》と遊《あそ》んでないで手伝《てつだ》いなさい！ **母《かあ》さんあと20匹《ぴき》も口《くち》から出《だ》さないといけないんだからね！**

あら、すみませぇ〜ん、おさわがせして。あたしら胃《い》の中《なか》で子育《こそだ》てするんです。ほら最近《さいきん》ぶっそうでしょう？ だから卵《たまご》をうんだら飲《の》みこんで、大《おお》きくなってから外《そと》に出《だ》してるんです。

カエルだけに「ゲロゲロ」って。もうヤダぁーあはは！

ま、病気《びょうき》で全滅《ぜんめつ》したんですけどもね。朝鮮半島《ちょうせんはんとう》から来《き》たカエルツボカビ症《しょう》っていうのが超《ちょう》はやって。

ほら、あたしらカエルって皮《ひ》ふでも呼吸《こきゅう》してるじゃないですか？ **なのに全身《ぜんしん》の皮《ひ》ふにカビがブワーって広《ひろ》がって、「もう息《いき》できなーい」ってなわけで。**

はぁ〜まったく、なんのために子《こ》ども飲《の》みこんだんだかわかりやしない！

こうすりゃよかった
もっと広《ひろ》い地域《ちいき》に
すんでれば、
全滅《ぜんめつ》はしなかったかも

絶滅年代《ぜつめつねんだい》	1983年《ねん》
大《おお》きさ	全長《ぜんちょう》3.6cm
生息地《せいそくち》	オーストラリア
食《た》べ物《もの》	昆虫《こんちゅう》
分類《ぶんるい》	両生類《りょうせいるい》

胃《い》の中《なか》で子育《こそだ》てをしていたカエル。卵《たまご》を飲《の》みこむと胃液《いえき》の分泌《ぶんぴつ》が止《と》まり、子育《こそだ》てのあいだ母親《ははおや》は絶食《ぜっしょく》する。そして、胃《い》の中《なか》で卵《たまご》がふ化《ふ》し、オタマジャクシからカエルになると、口《くち》から出《で》てくる。発見当初《はっけんとうしょ》から数《かず》が少《すく》なく、生息地《せいそくち》は標高《ひょうこう》350〜800mの川沿《かわぞ》いに限《かぎ》られていた。そこへダム建設《けんせつ》や森林伐採《しんりんばっさい》があって数《かず》を減《へ》らし、人間《にんげん》がもちこんだカエルツボカビがとどめをさしたようだ。

先カンブリア時代	古生代						中生代			新生代		
	カンブリア紀	オルドビス紀	シルル紀	デボン紀	石炭紀	ペルム紀	三畳紀	ジュラ紀	白亜紀	古第三紀	新第三紀	第四紀《だいよんき》

石《いし》を飲《の》んで絶《ぜつ》滅《めつ》

小石《こいし》を食《た》べずにいられない！

ジャイアントモアさん

どうです、このスタイル。美《うつく》しいでしょう？**なにせ足《あし》の長《なが》さだけで2mはあるんですから。**

ワタクシ、ニュージーランドでは、陸《りく》でいちばん大《おお》きい動物《どうぶつ》でしたのよ。**美《うつく》しく、そして無敵《むてき》。それがワタクシ。**

だから翼《つばさ》も捨《す》ててしまいましたわ。だって必要《ひつよう》ありませんもの。敵《てき》から走《はし》ってにげることもなく、ワタクシは優雅《ゆうが》に木《き》の葉《は》を食《た》べているだけでよかったのですわ。

でも人間《にんげん》どもがやってきて、肉《にく》ほしさにワタクシたちを狩《か》っていった。それもおそろしい方法《ほうほう》で！

ワタクシは歯《は》がないので、石《いし》を飲《の》みこんで胃《い》の中《なか》で植物《しょくぶつ》をすりつぶしていたの。それを見《み》た人間《にんげん》が、熱《あつ》く焼《や》いた石《いし》を用意《ようい》して、ワタクシに飲《の》ませたのよ！

このうらみ……、忘《わす》れませんわよ！

こうすりゃよかった

石《いし》を飲《の》みこむ前《まえ》に
熱《あつ》いかどうか
確認《かくにん》すべきでしたわ……

絶滅年代《ぜつめつねんだい》	16世紀《せいき》ごろ
大《おお》きさ	頭《あたま》のてっぺんまで3.6m
生息地《せいそくち》	ニュージーランド
食《た》べ物《もの》	小枝《こえだ》や葉《は》
分類《ぶんるい》	鳥類《ちょうるい》

ニュージーランドにはコウモリ以外《いがい》のほ乳類《にゅうるい》がいなかったため、天敵《てんてき》がいない環境《かんきょう》で多《おお》くの飛《と》べない鳥《とり》が進化《しんか》した。モアのなかまはその代表《だいひょう》で、中《なか》でも最大《さいだい》のジャイアントモアは知《し》られる限《かぎ》りもっとも背《せ》の高《たか》い鳥《とり》だった。体重《たいじゅう》も230kgに達《たっ》し、まさに無敵《むてき》の存在《そんざい》だったが、9〜10世紀《せいき》に人間《にんげん》がやってくると、その大量《たいりょう》の肉《にく》を目的《もくてき》に狩《か》られるようになり、絶滅《ぜつめつ》してしまった。

先カンブリア時代	古生代						中生代			新生代		
	カンブリア紀	オルドビス紀	シルル紀	デボン紀	石炭紀	ペルム紀	三畳紀	ジュラ紀	白亜紀	古第三紀	新第三紀	第四紀《だいよんき》

プニプニすぎて絶《ぜつ》滅《めつ》

(…あの)(……なに?)(もしかして今《いま》食《た》べられてない?)(あ、食《た》べられてる……)(たいへんだ)(戦《たたか》わなきゃ)(無理《むり》だよ)(どうして?)(ぼくらはなんの武器《ぶき》ももっていないじゃないか)(そうだった)(歯《は》もない)(口《くち》もない)(目《め》もない)(足《あし》もないよ)(硬《かた》い殻《から》ももっていない)(プニプニだね)(むき出《だ》しの命《いのち》さ)(それでも生《い》きていけたんだ)(昔《むかし》は

ディッキンソニアさん

ね）（でもあるときを境《さかい》にかわった）（強《つよ》いものが弱《よわ》いものを食《た》べるようになった）（命《いのち》に順番《じゅんばん》ができた）（ぼくらは食《た》べられる側《がわ》だった）（運《うん》が悪《わる》かった）（それだけのことさ）（でもどうして？）（なにが？）（なぜ口《くち》がないのに話《はな》せるの？）（なぜって、これはぼくのひとり言《ごと》だからさ）（結局《けっきょく》だれとも話《はな》せずに死《し》ぬのか）（最期《さいご》に友《とも》だちほしかったな……）

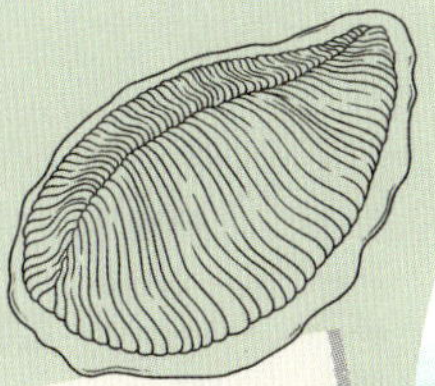

こうすりゃよかった

（だれかを傷《きず》つけてでも生《い》きていくたくましさがほしかった）

先《せん》カンブリア時代末《じだいまつ》のエディアカラ紀《き》の動物《どうぶつ》は、植物《しょくぶつ》のように太陽《たいよう》の光《ひかり》を浴《あ》びてエネルギーをつくり出《だ》したり、海水《かいすい》から栄養分《えいようぶん》をとりこんだりしていたようだ。目《め》も口《くち》もヒレもなく体《からだ》もプニプニで、化石《かせき》はほとんど残《のこ》っていない。そんな中《なか》で最大《さいだい》の生物《せいぶつ》が、ディッキンソニアだ。かれらは平和《へいわ》にくらしていたが、目《め》や口《くち》やヒレをもつハンターがあらわれると、食《た》べつくされてしまったのだろう。

絶滅年代《ぜつめつねんだい》	先《せん》カンブリア時代《じだい》
大《おお》きさ	全長《ぜんちょう》1m
生息地《せいそくち》	オーストラリア
食《た》べ物《もの》	光合成《こうごうせい》
分類《ぶんるい》	エディアカラ生物群《せいぶつぐん》

先《せん》カンブリア時代《じだい》	古生代						中生代			新生代		
	カンブリア紀	オルドビス紀	シルル紀	デボン紀	石炭紀	ペルム紀	三畳紀	ジュラ紀	白亜紀	古第三紀	新第三紀	第四紀

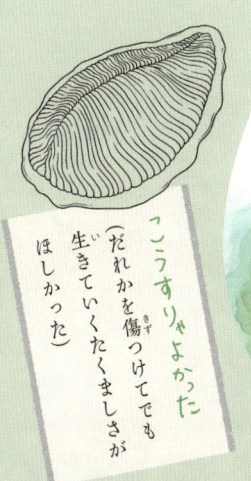

前足《まえあし》はブタ似《に》、後《うし》ろ足《あし》はウマ似《に》
じつは乳首《ちくび》が8つもある

キツネにおそわれて 絶滅《ぜつめつ》

ブタアシバンディクートさん

ネズミじゃないわよ、あたしはブタアシバンディクート。**カンガルーと同《おな》じ有袋類《ゆうたいるい》よ。おなかにちゃんと袋《ふくろ》もあるし、草《くさ》しか食《た》べないわ。**ちがうのは、体《からだ》がとても小《ちい》さいこと。

あたしたちはオーストラリアの草原《そうげん》でくらしてたんだけど、人間《にんげん》がやってきて砂漠《さばく》に追《お》いやられてしまった。数《かず》は減《へ》ったけど、走《はし》り回《まわ》って食《た》べ物《もの》を探《さが》せば、なんとか生《い》きていけたわ。

でも300年《ねん》くらい前《まえ》にヨーロッパの人間《にんげん》がやってきて、ガラリと生活《せいかつ》がかわってしまったの。かれらは農地《のうち》を広《ひろ》げて、ヒツジやウシを飼《か》いはじめた。さらに狩《か》りを楽《たの》しむために、ウサギやキツネを連《つ》れてきて野《の》に放《はな》ったのよ！

おかげで少《すく》ない草《くさ》をウサギに食《た》べられるし、キツネにはおそわれるしでサイテーよ。パンチの一発《いっぱつ》でもおみまいしとけばよかったわ。

こうすりゃよかった

果実《かじつ》や昆虫《こんちゅう》も食《た》べられる
雑食《ざっしょく》だったら
よかったのに……

絶滅年代《ぜつめつねんだい》	1901年《ねん》
大《おお》きさ	体長《たいちょう》25cm
生息地《せいそくち》	オーストラリア
食《た》べ物《もの》	草《くさ》
分類《ぶんるい》	ほ乳類《にゅうるい》

ブタアシバンディクートは草《くさ》を主食《しゅしょく》としており、草《くさ》を消化《しょうか》するのに適《てき》した長《なが》い腸《ちょう》をもっていた。ブタのようなひづめのある細長《ほそなが》い足《あし》で草原《そうげん》を走《はし》り回《まわ》っていたが、オーストラリアに人間《にんげん》がやってくるとだんだんと砂漠《さばく》に追《お》いやられてしまう。さらに、人間《にんげん》がもちこんだウサギやキツネによって、すみかや食《た》べ物《もの》をうばわれ、狩《か》りつくされてしまったようだ。

先カンブリア時代	古生代						中生代			新生代		
	カンブリア紀	オルドビス紀	シルル紀	デボン紀	石炭紀	ペルム紀	三畳紀	ジュラ紀	白亜紀	古第三紀	新第三紀	第四紀《だいよんき》

絶《ぜつ》滅《めつ》

イヌに病《びょう》気《き》をうつされて

ニホンオオカミさん
イヌはほろびなかったのに……
さすがにウイルスには勝《か》てなかった

イ、イヌ代《よ》！　おまえ、どうしてまた来《き》たんだ……!?

　この前《まえ》もう会《あ》わないって約束《やくそく》したと思《おも》うけど。いやしたよね？　それにおれ最《さい》近《きん》、なぜかハンターにねらわれてるし、あぶないから早《はや》く帰《かえ》ったほうがいいって。

　いや心配《しんぱい》してくれるのはうれしいんだけどさ、そうじゃないっていうか……。**なんか最近《さいきん》やばい病気《びょうき》がはやってるらしいじゃん。**熱《ねつ》、くしゃみ、鼻水《はなみず》、むだぼえ。**最後《さいご》には死《し》ぬっていうし。**

　おれだって、おまえのせいじゃないって信《しん》じたいよ。でも実際《じっさい》……、外国人《がいこくじん》がペットのイヌを日本《にほん》にもちこんでから、おれのなかまがバッタバタ死《し》んでる。**それはもうバイオハザードかってぐらいに。**

　だからおたがいのために、もう終《お》わりにしよ？　じゃあなイヌ代《よ》……っていうかめちゃくちゃ鼻水《はなみず》出《で》てない!?　ほんとやめて。スリスリするのやめて？　ね？

こうすりゃよかった
イヌなんかにかかわらなければよかった

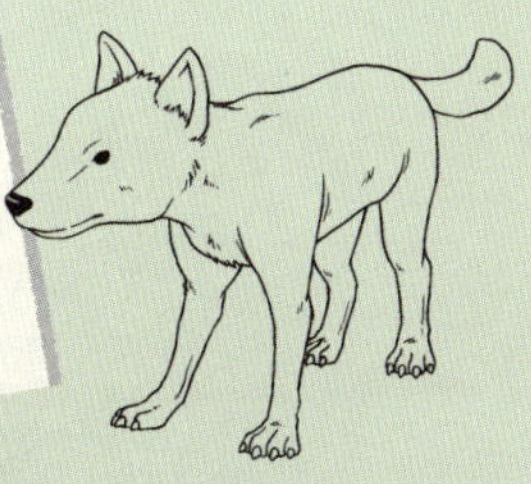

絶滅年代《ぜつめつねんだい》	1905年《ねん》
大《おお》きさ	体長《たいちょう》1m
生息地《せいそくち》	日本《にほん》
食《た》べ物《もの》	シカやイノシシ
分類《ぶんるい》	ほ乳類《にゅうるい》

明治時代《めいじじだい》になると、多《おお》くの外国人《がいこくじん》が日本《にほん》にやってきた。そして、かれらが連《つ》れてきたペットのイヌが、ジステンパーや狂犬病《きょうけんびょう》のウイルスを日本《にほん》にもちこんだのだ。当時《とうじ》イヌは放《はな》し飼《が》いだったので、洋犬《ようけん》→日本犬《にほんけん》→都市近郊《としきんこう》のオオカミ→山間部《さんかんぶ》のオオカミ、という具合《ぐあい》に病気《びょうき》がうつるのに、あまり時間《じかん》はかからなかった。こうして明治維新《めいじいしん》から38年《ねん》で、ニホンオオカミは絶滅《ぜつめつ》した。

先カンブリア時代	古生代						中生代			新生代		
	カンブリア紀	オルドビス紀	シルル紀	デボン紀	石炭紀	ペルム紀	三畳紀	ジュラ紀	白亜紀	古第三紀	新第三紀	第四紀《だいよんき》

イヌのぬれぎぬで絶《ぜつ》滅《めつ》

い　や待《ま》ってください
よ！**ヒツジ食《た》べたのおれじゃねぇーっすから！**いやたしかにおれはオオカミってよばれてますけど、名前《なまえ》だけなんで。
　そもそも、もともとオーストラリアとかにいたおれらをタスマニア島《とう》に追《お》いやったのは人間《にんげん》さんじゃないっすか？
　おれらここで地味《じみ》にくらしてたのに、後《あと》からいきな

フクロオオカミさん

名《な》前《まえ》で損《そん》するタイプ

り来《き》て「おれの飼《か》ってたヒツジ食《く》っただろ？」とか文《もん》句《く》言《い》われても。**それでいきなりボコボコにするとか、マジひどくないっすか？**

だからヒツジ食《く》ったのはおれじゃなくてイヌっすから！ **あんたたちが連《つ》れてきたイヌが野生化《やせいか》して食《く》ったの！** あ、おいイヌ！ てめーきたねえぞ、しっぽふりやがって！ ちょっ人間《にんげん》さん！「イヌは悪《わる》くない」とか、あんたマジ最低《さいてい》だ！

こうすりゃよかった

おれらもイヌみたいに人間《にんげん》さんになつけばよかったんすかねぇ？

絶滅年代《ぜつめつねんだい》	1936年《ねん》
大《おお》きさ	体長《たいちょう》1m
生息地《せいそくち》	オーストラリア
食《た》べ物《もの》	カンガルーやワラビー
分類《ぶんるい》	ほ乳類《にゅうるい》

もとはオーストラリアやニューギニアにすんでいたが、1万年前《まんねんまえ》にアボリジニがイヌを連《つ》れてくると、かれらにすみかとえものをうばわれて絶滅《ぜつめつ》してしまった。しかし、イヌが入《はい》りこまなかったタスマニア島《とう》ではほそぼそと生《い》き残《のこ》っていた。ところが、19世紀《せいき》にタスマニア島《とう》に移住《いじゅう》してきた人間《にんげん》によって、家畜《かちく》をおそう害獣《がいじゅう》として懸賞金《けんしょうきん》までかけられて駆除《くじょ》され、あっという間《ま》にほろんでしまった。

先カンブリア時代	古生代						中生代			新生代		
	カンブリア紀	オルドビス紀	シルル紀	デボン紀	石炭紀	ペルム紀	三畳紀	ジュラ紀	白亜紀	古第三紀	新第三紀	第四紀《だいよんき》

卵《たまご》を守《まも》りきれずに絶《ぜつ》滅《めつ》

ディアトリマさん

卵《たまご》はどこに消《き》えたのか……

ンマー！　なんてことザマしょ！　わたくしのかわいいかわいい卵《たまご》ちゃんがありませんわ！

きっとまたうばわれてしまったのですわ。**にっくきほ乳類《にゅうるい》たちにッ！**

すこし前《まえ》までは、わたくしの足元《あしもと》をチョロチョロしているだけの小物《こもの》でしたのに。それがいつのまにか大《おお》きくなって、わたくしよりもすばしっこくなるなんて生意気《なまいき》な。


だいたい地面《じめん》に置《お》いてある卵《たまご》をぬすみ食《ぐ》いするなんて、お下品《げひん》すぎますわ。

わたくしみたいにベジタリアンになればいいのに。これだからぽっと出《で》の連中《れんちゅう》は品《ひん》がなくてきらいですのよ、キィーッ！

はぁ、おそろしい恐竜《きょうりゅう》がいなくなって、**やっとわたくしたち鳥類《ちょうるい》の時代《じだい》がきたと思《おも》いましたのに……。**ほ乳類《にゅうるい》に王座《おうざ》をうばわれるとは、不覚《ふかく》でしたわ！

こうすりゃよかった
ダチョウみたいに速《はや》く走《はし》れたほうがよかったのかしら

絶滅年代《ぜつめつねんだい》	古第三紀《こだいさんき》（始新世後期《ししんせいこうき》）
大《おお》きさ	頭《あたま》のてっぺんまで2m
生息地《せいそくち》	北《きた》アメリカ、ユーラシア大陸《たいりく》
食《た》べ物《もの》	植物《しょくぶつ》
分類《ぶんるい》	鳥類《ちょうるい》

大型《おおがた》の飛《と》べない鳥《とり》で、地面《じめん》から頭《あたま》のてっぺんまで2mもあった。頭《あたま》やくちばしが大《おお》きくて重《おも》いため、あまり速《はや》くは走《はし》れなかったようだ。かつては肉食《にくしょく》とされていたが、現在《げんざい》では木《き》の実《み》などを食《た》べていたと考《かんが》えられている。恐竜絶滅後《きょうりゅうぜつめつご》の地上《ちじょう》で大型化《おおがたか》したが、おくれて大型化《おおがたか》してきた肉食《にくしょく》ほ乳類《にゅうるい》に狩《か》られるようになり、さらに卵《たまご》やヒナも食《た》べられたことで絶滅《ぜつめつ》してしまったのだろう。

先カンブリア時代	古生代						中生代			新生代		
	カンブリア紀	オルドビス紀	シルル紀	デボン紀	石炭紀	ペルム紀	三畳紀	ジュラ紀	白亜紀	古第三紀《こだいさんき》	新第三紀	第四紀

無《む》敵《てき》すぎて絶《ぜつ》滅《めつ》

メガテリウムさん

長《なが》い舌《した》で葉《は》を食《しょく》す
大《おお》きさはアフリカゾウなみ
じつはのろい

南《みなみ》アメリカで100万《まん》年《ねん》以上前《いじょうまえ》から番《ばん》はってきた最大最強《さいだいさいきょう》の生《い》き物《もの》ったら、アタイのことよ。**体《たい》長《ちょう》6m、体重《たいじゅう》3t《トン》、巨大《きょだい》な爪《つめ》。**＊スミロドンにだって負《ま》けやしないナマケモノのなかまさ！

……なんだい笑《わら》うんじゃないよ。**今《いま》のナマケモノとは、まったくべつモノだからね。**アタイは地上《ちじょう》を歩《ある》き回《まわ》りながら、この大《おお》きなかぎ爪《づめ》で木《き》の枝《えだ》をたぐりよせてムシャムシャと葉《は》を食《た》べていたんだ。

それに毛《け》の下《した》には硬《かた》い骨《ほね》の板《いた》があって、ちょっとかみつかれたくらいじゃビクともしないよッ！

それなのに、なぜ絶滅《ぜつめつ》したかって？……狩《か》られたのさ、人間《にんげん》に。あいつら、アタイの動《うご》きがのろいのをいいことに、集団《しゅうだん》でおそってきたんだよ！**ナマケモノの血《ち》がくやしいよッ！**

はあ、ちっこい人間《にんげん》どもにほろぼされるたぁ、アタイも焼《や》きが回《まわ》ったもんさ。

＊92ページ

こうすりゃよかった
木《き》にのぼるとか
速《はや》く走《はし》るとかすれば
生《い》きのびられたかもね

絶滅年代《ぜつめつねんだい》	第四紀《だいよんき》（更新世末《こうしんせいまつ》）
大《おお》きさ	体長《たいちょう》6m
生息地《せいそくち》	南《みなみ》アメリカ
食《た》べ物《もの》	木《き》の葉《は》
分類《ぶんるい》	ほ乳類《じゅうるい》

メガテリウムはオオナマケモノの中《なか》でも最後《さいご》にあらわれた最大《さいだい》の種《しゅ》で、南《みなみ》アメリカでは無敵《むてき》の存在《そんざい》だった。南《みなみ》アメリカは300万年前《まんねんまえ》まで独立《どくりつ》した大陸《たいりく》だったので、ネコやイヌなどの強力《きょうりょく》な肉食《にくしょく》獣《じゅう》が入《はい》ってこなかった。そのため、動《うご》きがのろいオオナマケモノでも巨大化《きょだいか》できたのだろう。しかし、武器《ぶき》を持《も》った人間《にんげん》の集団《しゅうだん》がやってくると、狩《か》りつくされて1万年前《まんねんまえ》にほろびてしまった。

先カンブリア時代	古生代						中生代			新生代		
	カンブリア紀	オルドビス紀	シルル紀	デボン紀	石炭紀	ペルム紀	三畳紀	ジュラ紀	白亜紀	古第三紀	新第三紀	第四紀《だいよんき》

ひと休《やす》み❶——化石《かせき》の歌《うた》

別《わか》れの峠《とうげ》

うた：マメンチサウルス
作詞《さくし》：恐田龍一《おそれだりゅういち》
作曲《さっきょく》：あく 竜《りゅう》

♪
嗚呼《ああ》 願《ねが》うならもう一度《いちど》
おまえに会《あ》いたかった
でもそれは無理《むり》 おれは死《し》んだから

あれからどれだけたっただろう
1億年《おくねん》こえたら もうわからない

砂《すな》が積《つ》もり 体《からだ》はつぶされ
肉《にく》が腐《くさ》って 涙《なみだ》もかれたよ

嗚呼《ああ》 だけど消《き》えないものもあった
硬《かた》い骨《ほね》と おまえへの想《おも》い
気《き》がつけば おれは化石《かせき》

もう おれが生《い》きてたときの
体《からだ》の色《いろ》は だれにもわからない
鳴《な》き声《ごえ》だって わからない

嗚呼《ああ》 それなのに
もうすぐ博物館《はくぶつかん》に 展示《てんじ》されそう
夏休《なつやす》みに子《こ》ども すごい来《き》そう

そんなことどうでもいいから
化石《かせき》でもいいから
もう一度《いちど》だけおまえに 会《あ》いたい

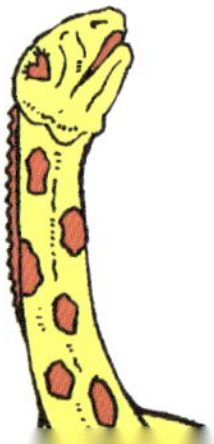

2 やりすぎて、絶滅《ぜつめつ》

生《い》き物《もの》は、どんどん進化《しんか》していく。
その進化《しんか》が正《ただ》しいかどうかは、だれにもわからない。
ただ、いろいろ極端《きょくたん》になると
生《い》きにくくなる可能性大《かのうせいだい》。

アゴが重《おも》すぎて絶《ぜつ》滅《めつ》

「どうも〜ゾウでーす」ってなんやその目《め》は。**ワイのアゴを見《み》てるの、バレバレやで！** めっちゃ下《した》アゴ出《で》てるけど、ワイもゾウのなかまなんや。パチもんちゃうで。

　ワイはこの平《ひら》たいスコップみたいな歯《は》で、草《くさ》の根《ね》をほったり、木《き》の枝《えだ》を切《き》ったり、木《き》の皮《かわ》をはがしたりし

プラティベロドンさん

て食《た》べていたんや。「最高《さいこう》じゃん!」と思《おも》ったおまえ、甘《あま》いで。**めっっっちゃ重《おも》いっちゅうねん! ただでさえ頭《あたま》デカいのに、こんなんで土《つち》をほるとか、もはや苦行《くぎょう》やで?** あと、すんごいかみづらい。アゴにダンベル引《ひ》っかけて食事《しょくじ》するって想像《そうぞう》してみて? しんどそうやし意味不明《いみふめい》やろ。それがワイや。

そんなわけで、ワイは食《しょく》事《じ》するだけでつかれはて、子孫《しそん》を残《のこ》せず消《き》えてしまったんや。ばかにすんなよ!

こうすりゃよかった

のばすべきだったのは鼻《はな》のみ、やな

絶滅年代《ぜつめつねんだい》	新第三紀《しんだいさんき》(中新世後期《ちゅうしんせいこうき》)
大《おお》きさ	肩《かた》までの高《たか》さ2m
生息地《せいそくち》	アフリカ、ユーラシア大陸《たいりく》、北《きた》アメリカ
食《た》べ物《もの》	草《くさ》や樹皮《じゅひ》
分類《ぶんるい》	ほ乳類《にゅうるい》

ゾウのなかまは体《からだ》が大《おお》きくなると同時《どうじ》に、上《うわ》くちびると鼻《はな》が合体《がったい》して長《なが》くのびていった。これにより、大《おお》きい体《からだ》でもしゃがまずに水《みず》が飲《の》めるようになったのだ。プラティベロドンは鼻《はな》だけでなく下《した》アゴものび、その先《さき》に出《で》っ歯《ば》のような牙《きば》がついている。今《いま》のゾウは鼻《はな》だけが長《なが》く、上《うえ》の前歯《まえば》が2本《ほん》の牙《きば》になっているが、かつては下《した》の前歯《まえば》も牙《きば》になって4本《ほん》の牙《きば》があるゾウのなかまもいたのだ。

先カンブリア時代	古生代						中生代			新生代		
	カンブリア紀	オルドビス紀	シルル紀	デボン紀	石炭紀	ペルム紀	三畳紀	ジュラ紀	白亜紀	古第三紀	新第三紀《しんだいさんき》	第四紀

歯《は》がぬけなくて 絶滅《ぜつめつ》 ヘリコプリオンさん

じゃまだってことはわかってる。でも、捨《す》てられないんだ。この歯《は》の1本《ぽん》1本《ぽん》が、おれの戦《たたか》いの歴史《れきし》だから。

子《こ》どものころはちがった。うずなんて巻《ま》いてなかった。でも成長《せいちょう》するにつれて、1巻《ま》き、2巻《ま》き、3巻《ま》き……。**新《あたら》しい歯《は》が外側《そとがわ》につぎつぎ生《は》えてきて、古《ふる》い歯《は》は内側《うちがわ》に巻《ま》きこまれていった。**

おれは、おれのうず巻き歯《モンスター》がこわかった。

いったいどこまで大《おお》きくなるの？ あと口内炎《こうないえん》とかだいじょうぶ？ さまざまな不安《ふあん》が頭《あたま》にうかんでは消《き》えていった。

　でもこれは、強《つよ》くなるための試練《しれん》だったんだ。おれたちはこの歯《は》でアンモナイトなんかを食《た》べ、6000万《まん》年《ねん》ものあいだ生《い》きぬいた。

　でもその後《あと》、細長《ほそなが》い口《くち》ですばやくえものをとる魚竜《ぎょりゅう》*が出《で》てきた。**えものをうばわれたときは「やっぱそうだよな」って思《おも》った。**そしておれたちは絶滅《ぜつめつ》した。

*28ページ

こうすりゃよかった

サメみたいに古《ふる》い歯《は》が新《あたら》しい歯《は》に生《は》えかわるほうがよかった

ヘリコプリオン

絶滅年代《ぜつめつねんだい》	三畳紀前期《さんじょうきぜんき》
大《おお》きさ	全長《ぜんちょう》4m
生息地《せいそくち》	世界中《せかいじゅう》の海《うみ》
食《た》べ物《もの》	アンモナイトなどの頭足類《とうそくるい》
分類《ぶんるい》	軟骨魚類《なんこつぎょるい》

ヘリコプリオンは下《した》アゴにうず巻《ま》きのような歯《は》の列《れつ》をもち、上《うわ》アゴには歯《は》がない。この奇妙《きみょう》な生《い》き物《もの》は、サメやエイに近《ちか》いギンザメのなかまらしい。このように古《ふる》い歯《は》を残《のこ》すメリットはよくわかっていないが、円盤状《えんばんじょう》のノコギリのような歯《は》は、ぬるぬるするアンモナイトなどの頭《とう》足類《そくるい》をがっちりとつかまえるのにピッタリだったという説《せつ》がある。しかし、同《おな》じく頭足類《とうそくるい》を主《しゅ》食《しょく》とする魚竜《ぎょりゅう》があらわれると、入《い》れかわるようにすがたを消《け》してしまった。

先カンブリア時代	古生代						中生代			新生代		
	カンブリア紀	オルドビス紀	シルル紀	デボン紀	石炭紀《せきたんき》	ペルム紀《き》	三畳紀《さんじょうき》	ジュラ紀	白亜紀	古第三紀	新第三紀	第四紀

数《かず》が多《おお》すぎて絶《ぜつ》滅《めつ》

ヤッホー☆平和《へいわ》のシンボル、ハトだよ！「どこにでもいそう」って、それ当《あ》たってる〜。**だっていちばん多《おお》いときで50億羽《おくわ》もいたんだから。**うちらが羽《は》ばたくと空《そら》が暗《くら》くなって、羽音《はおと》で会話《かいわ》ができないほどだったって。**飛《と》びさった後《あと》にはうんこが雪《ゆき》のように積《つ》もってたって。**ちょっと幻想的《げんそうてき》だよね♪

リョコウバトさん

そんなわけで、うちらは食《た》べ物《もの》を探《さが》してカナダとメキシコのあいだを毎年《まいとし》行《い》ったり来《き》たりしてたの。そしたら人間《にんげん》がいきなり鉄砲《てっぽう》でドキューンって！

数《かず》が多《おお》すぎたせいで、てきとうに撃《う》っても何羽《なんわ》かかならず当《あ》たってしまったの。それで肉《にく》や羽毛《うもう》目当《めあ》てに、**一日《いちにち》に20万羽《まんば》も狩《か》られるようになっちゃった！**

うちらも増《ふ》えすぎたと思《おも》うけど、人間《にんげん》もやりすぎだよね〜。

こうすりゃよかった

小《ちい》さなむれで
目立《めだ》たなければ、
狩《か》られずにすんだかもね

絶滅年代《ぜつめつねんだい》	1914年《ねん》
大《おお》きさ	全長《ぜんちょう》40cm
生息地《せいそくち》	北《きた》アメリカ
食《た》べ物《もの》	種子《しゅし》や果実《かじつ》
分類《ぶんるい》	鳥類《ちょうるい》

鳥類《ちょうるい》史上《しじょう》、もっとも数《かず》が多《おお》かった野鳥《やちょう》だといわれている。大《おお》きなむれをつくることでワシなどの天《てん》敵《てき》から身《み》を守《まも》っており、寿命《じゅみょう》が長《なが》かった。しかし繁殖力《はんしょくりょく》は低《ひく》く、年《ねん》に1個《こ》しか卵《たまご》をうまなかった。ひとつの場所《ばしょ》にとどまると植物《しょくぶつ》を食《く》いつくしてしまうため、つねに移動《いどう》しながらくらしていたが、ヨーロッパからの移民《いみん》たちに移動《いどう》ルートで待《ま》ちぶせされ、根《ね》こそぎつかまえられてしまった。

先カンブリア時代	古生代						中生代			新生代		
	カンブリア紀	オルドビス紀	シルル紀	デボン紀	石炭紀	ペルム紀	三畳紀	ジュラ紀	白亜紀	古第三紀	新第三紀	第四紀《だいよんき》

まっすぐすぎて絶《ぜつ》滅《めつ》

無《む》理《り》無《む》理《り》！　いきなり曲《ま》がるのとか無《む》理《り》です。見《み》てください、この殻《から》。**10m近《ちか》くもあるんで。**「殻《から》ちぢめれば？」とかかんたんに言《い》わないでください。**殻《から》の中《なか》にある液《えき》体《たい》がないとバランスとれないいんで。**いやわかりますよ、実《じつ》際《さい》重《おも》すぎて動《うご》きものろいですし、パッと方《ほう》向《こう》転《てん》換《かん》とかもできませんし。

ぼくらのなかまにオウム*

カメロケラスさん
あ〜っ。
えものは急《きゅう》に曲《ま》がる。

ガイってのがいるんですけど、殻《から》が巻《ま》いててコンパクトなんですよね……。正直《しょうじき》、うらやましい気持《きも》ちもあります。

　でもまっすぐなところがぼくらのよさなんで。だからえものの三葉虫《さんようちゅう》をつかまえるときも、ほんと前《まえ》もって考《かんが》えないと。直前《ちょくぜん》に「やっぱコッチ」ってにげられると、対応《たいおう》できないんでね。**ぼくらスーって通《とお》りすぎるしかありませんから、スーって。**

＊158ページ

進《すす》むのはまっすぐだけ

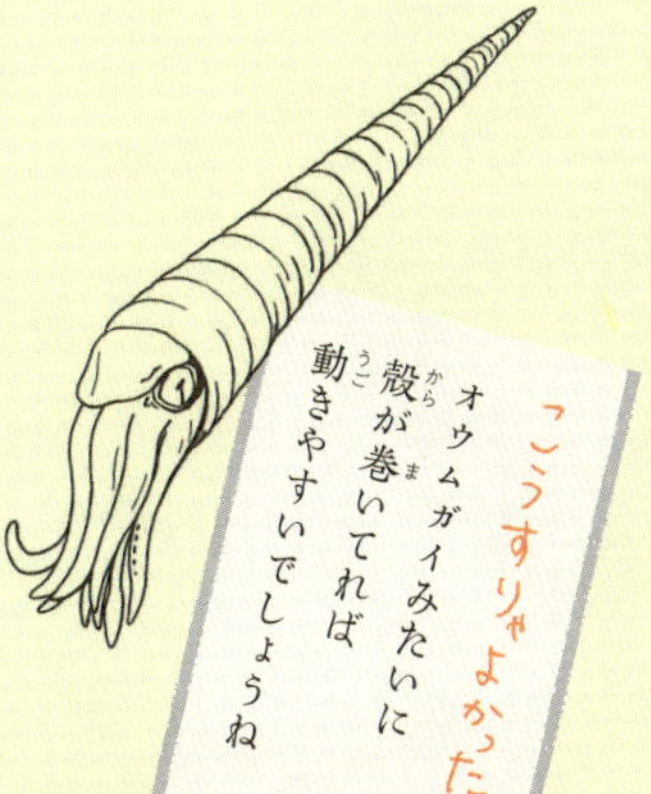
こうすりゃよかった
オウムガイみたいに
殻《から》が巻《ま》いてれば
動《うご》きやすいでしょうね

絶滅年代《ぜつめつねんだい》	オルドビス紀中期《きちゅうき》
大《おお》きさ	全長《ぜんちょう》7.5m
生息地《せいそくち》	北《きた》アメリカ
食《た》べ物《もの》	節足動物《せっそくどうぶつ》（三葉虫《さんようちゅう》など）
分類《ぶんるい》	頭足類《とうそくるい》

巨大《きょだい》な殻《から》だが、本体《ほんたい》が入《はい》っているのは殻全体《からぜんたい》の6分《ぶん》の1くらいまで。残《のこ》りのスペースは細《こま》かい部屋《へや》に分《わ》かれていて、中《なか》の液体《えきたい》の量《りょう》を調節《ちょうせつ》することで浮《う》いたり沈《しず》んだりしていた。オルドビス紀最大《きさいだい》の動物《どうぶつ》といわれており、これといった天敵《てんてき》はいなかった。しかし、成長《せいちょう》しすぎたカメロケラスは海底《かいてい》に転《ころ》がっていたという説《せつ》もあり、巨大《きょだい》さゆえの動《うご》きにくさが絶滅《ぜつめつ》をまねいたと考《かんが》えられる。

先カンブリア時代	古生代						中生代			新生代		
	カンブリア紀	おるどびすき オルドビス紀	シルル紀	デボン紀	石炭紀	ペルム紀	三畳紀	ジュラ紀	白亜紀	古第三紀	新第三紀	第四紀

こんがらがって絶滅《ぜつめつ》

ニッポニテスさん

あなた、今《いま》「あっ……」って思《おも》いましたよね？　いやいいんです。そういうのなれっこなんで。

いやほんと**「殻《から》の形《かたち》がうんこみたい！」**とか思《おも》ってもらってけっこうですよ。

これでも大繁栄《だいはんえい》したアンモナイト一族《いちぞく》の一員《いちいん》なんですけどね。っていっても、わたしなんかアンモナイトの歴史《れきし》の終《お》わりごろに、ちよろっと出《で》てきたかわりものので。

実際《じっさい》、人間《にんげん》から「異常巻《いじょうま》き」なんてよばれているのも知《し》ってます。まあそんなんですから、性格《せいかく》もねじ曲《ま》がりますよね、ははっ。

でもね、殻《から》の形《かたち》が複雑《ふくざつ》に見《み》えるだけで、体《からだ》のつくりはアンモナイトと同《おな》じなんですよ。

まあ、それまで3億《おく》5000万年《まんねん》もずっと同《おな》じ、きれいなぐるぐる巻《ま》きでしたから。**「さすがにデザインかえるかぁ」と思《おも》ったら、これが失敗《しっぱい》だったわけです、ははは。**

こうすりゃよかった
形《かたち》より先《さき》に、生《い》き方《かた》をかえるべきだったなって思《おも》います

絶滅年代《ぜつめつねんだい》	白亜紀後期《はくあきこうき》
大《おお》きさ	殻《から》の直径《ちょっけい》2cm
生息地《せいそくち》	日本《にほん》、イギリス、マダガスカル、アメリカ
食《た》べ物《もの》	甲殻類《こうかくるい》や魚《さかな》の死体《したい》
分類《ぶんるい》	頭足類《とうそくるい》

アンモナイトのなかまは、古生代《こせいだい》から中生代《ちゅうせいだい》にかけて3億《おく》5000万年《まんねん》ものあいだ繁栄《はんえい》した。ただ、中世代《ちゅうせいだい》の最後《さいご》の白亜紀《はくあき》には、だいぶ数《かず》が減《へ》っていた。そんな中《なか》であらわれたのが、ニッポニテスだ。従来《じゅうらい》のアンモナイトとはちがう殻《から》の巻《ま》き方《かた》に進化《しんか》したものの、あまり生《い》きるのに有利《ゆうり》ではなかったらしく、わずかな期間《きかん》で絶滅《ぜつめつ》してしまったようだ。

先カンブリア時代	古生代						中生代			新生代		
	カンブリア紀	オルドビス紀	シルル紀	デボン紀	石炭紀	ペルム紀	三畳紀	ジュラ紀	白亜紀《はくあき》	古第三紀	新第三紀	第四紀

こう見《み》えてウシのなかま

美《うつく》しすぎて絶滅《ぜつめつ》

ブルーバックさん

あ

あ、苦《くる》しい。この胸《むね》の苦《くる》しみはいつ晴《は》れるのでしょう。

わたしたちは昔《むかし》、南《みなみ》アフリカの草原《そうげん》に広《ひろ》くくらしていました。ところが3万《まん》5000年くらい前《まえ》から、**草原《そうげん》ににょきにょき木《き》が生《は》えはじめ、すむ場所《ばしょ》が減《へ》っていったのです。**

しかたなく、わたしたちはところどころある小《ちい》さな草原《そうげん》に5~6頭《とう》のむれをつくって生活《せいかつ》していました。

そこへやってきたのが金《きん》やダイヤモンドをほりにきた人間《にんげん》です。なんとかれらはわたしたちを見《み》つけるなり、狩《か》りをはじめたのです。**きっとこの青《あお》っぽい毛皮《けがわ》がめずらしかったのでしょう。**殺《ころ》されたなかまは、はくせいやコートにされて、売《う》られました。

そして200年前《ねんまえ》に最後《さいご》の1頭《とう》が息《いき》たえ、わたしたちはこの世《よ》からすがたを消《け》したのです。

こうすりゃよかった
もっと地味《じみ》な色《いろ》なら、
ねらわれなかった
のかもしれません

絶滅年代《ぜつめつねんだい》	1800年《ねん》ごろ
大《おお》きさ	体長《たいちょう》2m
生息地《せいそくち》	南《みなみ》アフリカ
食《た》べ物《もの》	草《くさ》
分類《ぶんるい》	ほ乳類《にゅうるい》

ブルーバックの毛《け》は、ほ乳類《にゅうるい》ではとてもめずらしい青色《あおいろ》。ただし、博物館《はくぶつかん》に保存《ほぞん》されている毛皮《けがわ》は色《いろ》あせたうすいグレーで、生《い》きているときどれほど青《あお》かったのかはよくわかっていない。人間《にんげん》に発見《はっけん》されたときには、すでに数《かず》が少《すく》なくなっており、美《うつく》しい毛皮《けがわ》を目的《もくてき》に狩《か》られると120年《ねん》ほどですがたを消《け》した。アフリカにおいて人間《にんげん》がほろぼしたはじめての大型動物《おおがたどうぶつ》とされる。

先カンブリア時代	古生代						中生代			新生代		
	カンブリア紀	オルドビス紀	シルル紀	デボン紀	石炭紀	ペルム紀	三畳紀	ジュラ紀	白亜紀	古第三紀	新第三紀	第四紀《だいよんき》

デコりすぎて絶《ぜつ》滅《めつ》

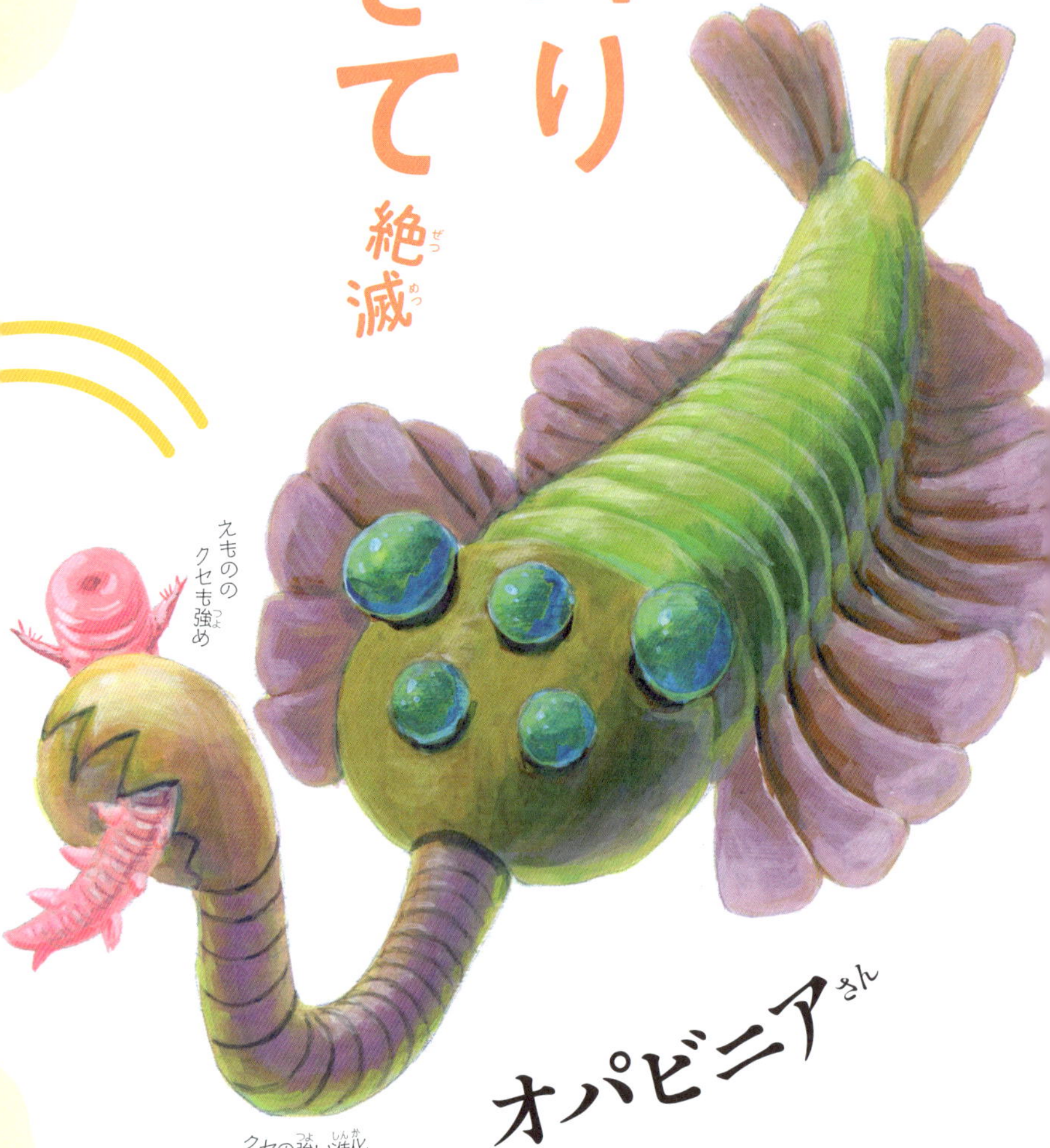
えものの
クセも強《つよ》め
オパビニアさん
クセの強《つよ》い進化《しんか》

えっとね、まずね、目《め》**は5つつけたでしょ。**それで目《め》の形《かたち》はキノコみたいに高《たか》くして、後《うし》ろまでよく見《み》えるようにしたの。**あとね、顔《かお》の前《まえ》にゾウの鼻《はな》みたいな長《なが》いホースもつけた。**あ、でもこれ鼻《はな》じゃなくてうでなの。**うでの先《さき》にはカニみたいなハサミもついてる。**これでえものをはさんで口《くち》に運《はこ》んでたんだよー。口《くち》は体《からだ》の下側《したがわ》にあるんだ♪

あとねあとね、体《からだ》の両側《りょうがわ》にヒレをつけたんだけど、息《いき》をするためのエラもここにある。べつにつけるの忘《わす》れてたわけじゃないよ?

あとはなにかな〜……。尾《お》の部分《ぶぶん》をエビみたいな形《かたち》にしたくらいかな〜。

あ!思《おも》い出《だ》した!**体《からだ》の下《した》にはイボみたいな小《ちい》さい足《あし》をたくさんつけたの!**海底《かいてい》をズリズリ歩《ある》きた〜いと思《おも》って!ね〜♪

みたいなことしてたら、環境《かんきょう》の変化《へんか》についていけなくて死《し》んだ。

こうすりゃよかった
ほどほどにしておけばよかった

絶滅年代《ぜつめつねんだい》	カンブリア紀《き》中期《ちゅうき》
大《おお》きさ	体長《たいちょう》5cm
生息地《せいそくち》	カナダ、中国《ちゅうごく》
食《た》べ物《もの》	砂底《すなぞこ》にひそむやわらかい動物《どうぶつ》
分類《ぶんるい》	不明《ふめい》

オパビニアの復元図《ふくげんず》が学会《がっかい》で発表《はっぴょう》されると、多《おお》くの生物学者《せいぶつがくしゃ》が「ありえない」と思《おも》ったらしく、会場《かいじょう》は爆笑《ばくしょう》に包《つつ》まれたという。実際《じっさい》、ホースとハサミ、5つの目《め》、多数《たすう》のヒレに足《あし》までもつすがたは、ほかには見《み》られない唯一無二《ゆいいつむに》のものだ。これまでに、似《に》たような特徴《とくちょう》をもつ動物《どうぶつ》は見《み》つかっていないため、つけすぎたオプションは生《い》き残《のこ》るのに有利《ゆうり》ではなかったのかもしれない。

先カンブリア時代	古生代						中生代			新生代		
	かんぶりあき カンブリア紀	オルドビス紀	シルル紀	デボン紀	石炭紀	ペルム紀	三畳紀	ジュラ紀	白亜紀	古第三紀	新第三紀	第四紀

ウマに恋《こい》して

絶《ぜつ》滅《めつ》
牧場《ぼくじょう》のおやじは激怒《げきど》
ターパンさん
ナンパされたウマ子《こ》さん
愛《あい》の逃《とう》避《ひ》行《こう》

ヨッス、おつかれ！ なーに元気《げんき》ないじゃん？ ちょっとメシ行《い》っとく？ どう、新鮮《しんせん》な草《くさ》とかどう？

あー思《おも》い出《だ》すわー。昔《むかし》もこうしてよくウマ子《こ》のこと誘《さそ》ったわー。てか、もともとおれらはウマと同《おな》じ種《しゅ》だったのね。それが6000年前《ねんまえ》に人間《にんげん》が手《て》を出《だ》してきてさ、**人間《にんげん》になついたやつはウマになり、そうじゃないやつはターパンのままだったってわけよ。**

で、しばらくはべつべつにくらしてたんだけど、200年前《ねんまえ》かなー。人間《にんげん》が増《ふ》えてすむ場所《ばしょ》がなくなったおれらは、牧場《ぼくじょう》に近《ちか》づいた。で、ビビッときたのよ。**「牧場《ぼくじょう》にウマ子《こ》いるじゃん、もう運命《うんめい》じゃん」てさ。**

もう夢中《むちゅう》でナンパして牧《ぼく》場《じょう》から連《つ》れ出《だ》した。それでどんどん子《こ》ども増《ふ》やしたら、**うっかりウマと同化《どうか》しちった。**いや～恋《こい》って罪《つみ》だわ。

こうすりゃよかった

人間《にんげん》になんか
近《ちか》づかなければ
よかった

絶滅年代《ぜつめつねんだい》	1909年《ねん》
大《おお》きさ	肩《かた》までの高《たか》さ1.2m
生息地《せいそくち》	ヨーロッパ
食《た》べ物《もの》	草《くさ》
分類《ぶんるい》	ほ乳類《にゅうるい》

人間《にんげん》は6000年《ねん》くらい前《まえ》からターパンを家畜《かちく》として飼《か》っていた。最初《さいしょ》はただの食肉用《しょくにくよう》だったが、「人間《にんげん》をのせて高速《こうそく》で走《はし》れる」ことがわかると、重要《じゅうよう》な家畜《かちく》となったのだ。それでも、野生《やせい》のターパンとして生《い》き残《のこ》ったものもいた。しかし、広《ひろ》い草原《そうげん》が少《すく》なくなった結果《けっか》、牧場《ぼくじょう》に近《ちか》づいたターパンたちは、撃《う》ち殺《ころ》されたり、ウマとの雑種《ざっしゅ》が増《ふ》えてしまったりして、絶滅《ぜつめつ》した。

先カンブリア時代	古生代						中生代			新生代		
	カンブリア紀	オルドビス紀	シルル紀	デボン紀	石炭紀	ペルム紀	三畳紀	ジュラ紀	白亜紀	古第三紀	新第三紀	第四紀《だいよんき》

絶滅《ぜつめつ》 角《つの》に栄養《えいよう》をとられて

ぐうッ、し、静《しず》まれ、おれの角《つの》……！ ハアハア、まさかこんなことになるとは。**ぐがッ、カルシウムが、角《つの》に吸収《きゅうしゅう》されていく……!?**

お、おれは、アイツと結《むす》ばれるために、ほかのオスとの戦《たたか》いに勝《か》たなくちゃならなかった。だから願《ねが》ったさ。**おれの角《つの》よ、もっと強《つよ》く、もっと硬《かた》く、もっと大《おお》きく育《そだ》てとな！**

だ、だがしかし……角《つの》の成長《せいちょう》スピードはおれの予想《よそう》をはるかに上回《うわまわ》っていやがったッ。**角《つの》に栄養《えいよう》がとられて体《からだ》の骨《ほね》がスッカスカになってしまうほどにッ！** さらに森《もり》が減《へ》って食《く》い物《もの》が少《すく》なくなったのが致命的《ちめいてき》だったぜ。すぐに骨折《こっせつ》するから、うかつに動《うご》き回《まわ》れねえしな。

ククッ…これが絶望《ぜつぼう》ってやつか。なんだか…眠《ねむ》くなってきたぜ……。早《はや》く角《つの》から…解放《かいほう》…してくれ……。

オオツノジカさん

圧倒的《あっとうてき》カルシウム不足《ぶそく》

こうすりゃよかった
卵《たまご》の殻《から》でも食《た》べて
カルシウムを
おぎなえばよかった

オオツノジカのオスの角《つの》は、横幅《よこはば》3m、重《おも》さ45kgもあった。これでは気軽《きがる》に水《みず》を飲《の》んだり草《くさ》を食《た》べたりすることもできなかっただろう。さらに、かれらの角《つの》は毎年《まいとし》生《は》えかわる。その時期《じき》には大量《たいりょう》のカルシウムやリンが必要《ひつよう》。ところが、森林《しんりん》が更新世後期《こうしんせいこうき》に減少《げんしょう》したため、角《つの》にとられた栄養《えいよう》を充分《じゅうぶん》に補給《ほきゅう》できなくなり、かれらは骨《ほね》がスカスカになってほろんでしまったと考《かんが》えられている。

絶滅年代《ぜつめつねんだい》	第四紀《だいよんき》（更新世末《こうしんせいまつ》）
大《おお》きさ	肩《かた》までの高《たか》さ2m
生息地《せいそくち》	ユーラシア大陸《たいりく》
食《た》べ物《もの》	植物《しょくぶつ》
分類《ぶんるい》	ほ乳類《にゅうるい》

先カンブリア時代	古生代						中生代			新生代		
	カンブリア紀	オルドビス紀	シルル紀	デボン紀	石炭紀	ペルム紀	三畳紀	ジュラ紀	白亜紀	古第三紀	新第三紀《しんだいさんき》	第四紀《だいよんき》

くちばしが
特《とく》殊《しゅ》すぎて
絶《ぜつ》滅《めつ》

ユミハシハワイミツスイさん

おほ〜、つまりあなたは私《わたし》が絶滅《ぜつめつ》した理由《りゆう》を知《し》りたいと。まぁあえて敗因《はいいん》をひとつあげるとすれば、**くちばしの形《かたち》を特化《とっか》させすぎたことでしょうか。**

　われわれハワイミツスイのなかまは32種《しゅ》確認《かくにん》されていますが、ハワイ諸島《しょとう》の中《なか》で争《あらそ》うことがないように、**それぞれ食《た》べる物《もの》に合《あ》わせて微妙《びみょう》にくちばしの長《なが》さや形《かたち》がことなるように進化《しんか》をとげたのですよ。**

私《わたし》はもっぱらフトモモ担《たん》当《とう》で……ブッハッこりゃ失《しっ》礼《れい》！　フトモモというのはハワイフトモモという花《はな》の名前《なまえ》で、けっして足《あし》のフトモモではありませんので、その点《てん》誤解《ごかい》なきよう（笑《わらい》）。

　まぁ、この長《なが》いくちばしのおかげで花《はな》の蜜《みつ》を独占《どくせん》できていたわけですが、人間《にんげん》が来《き》た影響《えいきょう》で担当《たんとう》の花《はな》が激《げき》減《げん》した結果《けっか》、われわれも絶《ぜつ》滅《めつ》してしまったのですな。

で、それがなにか……？

こうすりゃよかった

ひとつのものに頼《たよ》りすぎるのは危険《きけん》ということでしょうか

絶滅年代《ぜつめつねんだい》	1940年《ねん》
大《おお》きさ	全長《ぜんちょう》16cm
生息地《せいそくち》	ハワイ諸島《しょとう》
食《た》べ物《もの》	花《はな》の蜜《みつ》や昆虫《こんちゅう》
分類《ぶんるい》	鳥類《ちょうるい》

ハワイミツスイのなかまはハワイ諸島《しょとう》の中《なか》で、それぞれがちがうものを食《た》べるように進化《しんか》することですみ分《わ》けていた。ユミハシハワイミツスイは細長《ほそなが》い花《はな》の奥《おく》にある蜜《みつ》や木《き》の中《なか》にひそむ昆虫《こんちゅう》を食《た》べるように進化《しんか》した結果《けっか》、長《なが》くカーブしたくちばしになった。しかし、特殊化《とくしゅか》したものは環境《かんきょう》の変《へん》化《か》に弱《よわ》い。移民《いみん》によって森《もり》が畑《はたけ》にかえられると、急《きゅう》にすがたを消《け》してしまった。

先カンブリア時代	古生代					中生代			新生代		
	カンブリア紀	オルドビス紀	シルル紀	デボン紀	石炭紀	ペルム紀	三畳紀	ジュラ紀	白亜紀	古第三紀	新第三紀	第四紀《だいよんき》

息《いき》ができなくて絶《ぜつ》滅《めつ》

メガネウラさん

行《い》き先《さき》は風《かぜ》まかせ

ほいほい、ちょっくらごめんよ！ **史《し》上《じょう》最《さい》大《だい》の昆《こん》虫《ちゅう》っていわれるおいらが通《とお》りますよ〜っと。**

行《い》き先《さき》はどこかなんて、そんなことは風《かぜ》にきいてくれ。**トンボにそっくりだけど、おいら、ほっとんど羽《は》ばたけないんでさぁ。**どこまでも風《かぜ》にのってゆ〜らゆら♪ 気《き》ままな浪《ろ》漫《まん》飛《ひ》行《こう》ときたもんよ。

おいらがいた時《じ》代《だい》は酸《さん》素《そ》が濃《こ》くてうまかったぁ〜。

今《いま》の空《くう》気《き》は酸《さん》素《そ》20%だけど、あのころは35%あったもんね。腹《はら》にガツーンってくるんだなこれが！ だからこんなにでっかくなれたってわけよ。

けど、だんだん陸《りく》にでっけぇ動《どう》物《ぶつ》が増《ふ》えてよ。**みんなでよってたかって酸《さん》素《そ》を吸《す》うから、どんどんうすくなっちまいやがった。**

そんでおいらは息《いき》があっぷあっぷで地面《じめん》にダウンときたもんだ〜♪

こうすりゃよかった
体《からだ》がでっけえと、
息《いき》をするのもそのぶん
てぇへんってこったな

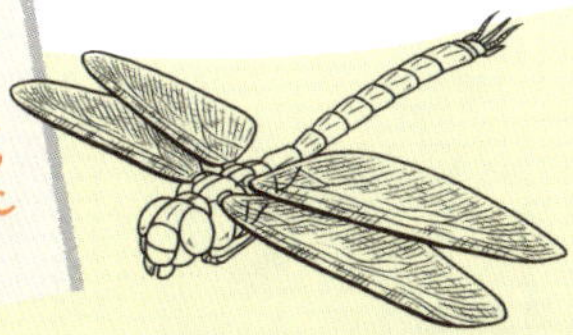

絶滅年代《ぜつめつねんだい》	石炭紀末《せきたんきまつ》
大《おお》きさ	はねを広《ひろ》げると70cm
生息地《せいそくち》	ヨーロッパ
食《た》べ物《もの》	昆虫《こんちゅう》
分類《ぶんるい》	昆虫類《こんちゅうるい》

昆虫《こんちゅう》には人間《にんげん》のような肺《はい》がなく、体《からだ》の側面《そくめん》にあいた小《ち》さな穴《あな》(気門《きもん》)から、直接体《ちょくせつからだ》に酸素《さんそ》をとりこんで呼吸《こきゅう》をしている。この方式《ほうしき》はあまり効率《こうりつ》がよくないので、体《からだ》が大《おお》きくなると体全体《からだぜんたい》に酸素《さんそ》を行《い》きわたらせるのがむずかしくなる。メガネウラが栄《さか》えた時代《じだい》は酸素濃度《さんそのうど》が高《たか》かったが、陸上《りくじょう》に動物《どうぶつ》が増《ふ》えて空気中《くうきちゅう》の酸素濃度《さんそのうど》が下《さ》がってくると、呼吸《こきゅう》がままならなくなり絶滅《ぜつめつ》したようだ。

先カンブリア時代	古生代						中生代			新生代		
	カンブリア紀	オルドビス紀	シルル紀	デボン紀	石炭紀《せきたんき》	ペルム紀	三畳紀	ジュラ紀	白亜紀	古第三紀	新第三紀	第四紀

頭《あたま》が悪《わる》くて絶《ぜつ》滅《めつ》

あ、サーベルタイガーさんだ。こんにちは～！ 最近《さいきん》このへんに引《ひ》っ越《こ》してきたって聞《き》きましたよお。

なんか……**わたしたち、すごく見《み》た目《め》が似《に》てますね！** 奇遇《きぐう》だなあ。

えっ、まねなんてしてませんよ!? そんなこわい顔《かお》でにらまなくたっていいじゃないですか～。

たしかに、**見《み》た目《め》だけじゃなく、ねらうえものも、狩《か》りの方法《ほうほう》も丸《まる》かぶりですけど……。**そこは協力《きょうりょく》し合《あ》いましょうよ～！

……。えっ、無視《むし》？ もしかして、いつも先回《さきまわ》りしてわたしのえものを横《よこ》どりしてるのって、わざとだったりします？

おはずかしい話《はなし》、**わたし、いろいろ考《かんが》えるのとか苦手《にがて》で。**の～んびり狩《か》りに向《む》かうと、いつもえものがいなくて困《こま》ってるんですよお。

できれば、ちょっと残《のこ》しておいてもらえると助《たす》かるんですけどねえ……。

頭《あたま》はあまりよくない
ここに牙《きば》をしまう

ティラコスミルスさん

こうすりゃよかった
牙《きば》をのばすより
頭《あたま》をきたえる
……とかですかねえ

絶滅年代《ぜつめつねんだい》	新第三紀《しんだいさんき》(鮮新世後期《せんしんせいこうき》)
大《おお》きさ	体長《たいちょう》1.5m
生息地《せいそくち》	南《みなみ》アメリカ
食《た》べ物《もの》	大型《おおがた》ほ乳類《にゅうるい》
分類《ぶんるい》	ほ乳類《にゅうるい》

ティラコスミルス(有袋類《ゆうたいるい》)とサーベルタイガー(真獣類《しんじゅうるい》)は、種類《しゅるい》はちがえど見《み》た目《め》も狩《か》りのスタイルもそっくり。そんなかれらの明暗《めいあん》を分《わ》けたのは、「頭《あたま》のよさ」とも考《かんが》えられる。体《からだ》の構造上《こうぞうじょう》、有《ゆう》袋類《たいるい》よりも真獣類《しんじゅうるい》のほうが脳《のう》が発達《はったつ》している。そのため、効率《こうりつ》のよい狩《か》りの方法《ほうほう》を考《かんが》えられるサーベルタイガーとえものをとり合《あ》った結果《けっか》、ティラコスミルスは負《ま》けてしまったのかもしれない。

先カンブリア時代	古生代						中生代			新生代		
	カンブリア紀	オルドビス紀	シルル紀	デボン紀	石炭紀	ペルム紀	三畳紀	ジュラ紀	白亜紀	古第三紀	新第三紀《しんだいさんき》	第四紀

暑《あつ》さにも寒《さむ》さにも弱《よわ》くて絶《ぜつ》滅《めつ》

おいコラッワニ公《こう》ッ！　おどりや、どのツラ下《さ》げてわしのなわばり横切《よこぎ》っとんのじゃボケェ。

「なんだかつらそうですね」って、じゃッかあしゃアッ！　**わしゃ暑《あつ》いのが苦《にが》手《て》なんじゃ。**こんだけガタイ大《おお》きいと、冷《さ》ますのに時《じ》間《かん》がかかるんじゃ。

ティタノボアさん

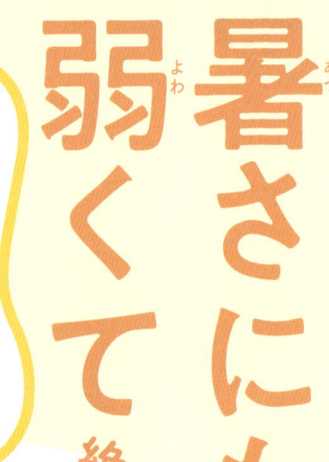

お？「すずしいところに引《ひ》っ越《こ》せば」って、おんどりゃあッ！　**寒《さむ》いのはもっと嫌《いや》じゃ！**　わしが体温調《たいおんちょう》節《せつ》できないの知《し》っておちょくっとんのか？　気温《きおん》が30℃を下回《したまわ》ったら動《うご》けなくなるじゃろうがッ！

のうワニ公《こう》？　**物事《ものごと》っちゅうんは、なんでも一長一《いっちょういっ》短《たん》なんじゃ。**体《からだ》がちっこいもんは弱《よわ》いが身軽《みがる》。でけぇもんは強《つよ》いが融通《ゆうずう》がきかん。

だからわしは気温《きおん》がちょっとあたたかくなったらすぐ絶滅《ぜつめつ》したんじゃボケェ！

こうすりゃよかった
もっと
ちっこいサイズに
うまれたかったのう

全長《ぜんちょう》13m、直径《ちょっけい》1mもあったという、史上最大《しじょうさいだい》のヘビ。推《すい》定体重《ていたいじゅう》は1t《トン》をこえており、これは今《いま》の地球《ちきゅう》でいちばん重《おも》いヘビであるオオアナコンダの5倍《ばい》の重《おも》さだ。恐竜絶滅後《きょうりゅうぜつめつご》の水辺《みずべ》で大型化《おおがたか》し、ワニなどの大型動物《おおがたどうぶつ》を食《た》べる無敵《むてき》の存《そん》在《ざい》だったと考《かんが》えられる。ところが、大型化《おおがたか》しすぎて体温調《たいおんちょう》節《せつ》がうまくいかず、30～34℃でしか活動《かつどう》できなかったため、気温《きおん》が高《たか》くなるとほろびたようだ。

絶滅年代《ぜつめつねんだい》	古第三紀《こだいさんき》（暁新世《ぎょうしんせい》）
大《おお》きさ	全長《ぜんちょう》13m
生息地《せいそくち》	南《みなみ》アメリカ
食《た》べ物《もの》	ワニ
分類《ぶんるい》	は虫類《ちゅうるい》

先カンブリア時代	古生代						中生代			新生代		
	カンブリア紀	オルドビス紀	シルル紀	デボン紀	石炭紀	ペルム紀	三畳紀	ジュラ紀	白亜紀	古第三紀《こだいさんき》	新第三紀	第四紀

角《つの》が豪華《ごうか》すぎて絶滅《ぜつめつ》

ションブルクジカさん

男《おとこ》の美学《びがく》の完成形《かんせいけい》

ヘイ、ユー！こっちに来《き》てミーの話《はなし》をすこし聞《き》いていかないか？

オーケエイ、いい子《こ》だ。ごらんよ、この角《つの》を。超《ちょう》クールだろ？**なんたって先《さき》っぽが30以上《いじょう》にも枝分《えだわ》かれしてるんだぜ？**ヒュウ！まるで恋《こい》のラビリンスだ……

オーケエイ、今《いま》のは忘《わす》れてくれ。

ミーか？ミーは**木《き》の枝《えだ》に角《つの》が引《ひ》っかかって動《うご》けないでいるんだ。**もともとミーは、森《もり》でくらしていたのさ。でも、とちゅうで開《ひら》けた湿地《しっち》にうつってきた。**なぜって、角《つの》が木《き》に引《ひ》っかかるからさ。**ところが、その湿地《しっち》に大勢《おおぜい》の人間《にんげん》がうつりすんできた。

おかげで草《くさ》は少《すく》なくなるし、**壁《かべ》にかざるとか漢方薬《かんぽうやく》にするとかいう理由《りゆう》でハンターに角《つの》をねらわれるし。**人間《にんげん》には、やれやれだ。

ところでユー、早《はや》く角《つの》を枝《えだ》から外《はず》してくれないか？

こうすりゃよかった

奈良《なら》のシカぐらい
コンパクトな角《つの》のほうが
ベターだったかな？

絶滅年代《ぜつめつねんだい》	1938年《ねん》
大《おお》きさ	肩《かた》までの高《たか》さ1.2m
生息地《せいそくち》	タイ
食《た》べ物《もの》	草《くさ》
分類《ぶんるい》	ほ乳類《にゅうるい》

シカのなかまの多《おお》くは森林《しんりん》でやわらかい木《き》の葉《は》を食《た》べているが、ションブルクジカは角《つの》がどんどん大《おお》きくなっていった結果《けっか》、角《つの》が木《き》に引《ひ》っかかって森《もり》にすみづらくなった。そこで、タイのチャオプラヤー川周辺《がわしゅうへん》の湿地《しっち》でやわらかい草《くさ》を食《た》べていたのだが、そこがタイの首都《しゅと》として発展《はってん》してくると、生息地《せいそくち》は田《た》んぼになり、立派《りっぱ》な角《つの》を目当《めあ》てに狩《か》られるようになって絶滅《ぜつめつ》してしまった。

先カンブリア時代	古生代						中生代			新生代		
	カンブリア紀	オルドビス紀	シルル紀	デボン紀	石炭紀	ペルム紀	三畳紀	ジュラ紀	白亜紀	古第三紀	新第三紀	第四紀《だいよんき》

背中《せなか》の帆《ほ》がじゃまで絶滅《ぜつめつ》

ディメトロドンさん

ア

タタタタッ、ま〜た引《ひ》っかかってしもうた。ずっと背負《せお》ってるのは、いいかげんしんどいのう。**背中《せなか》の帆《ほ》、立派《りっぱ》じゃろう。**ひと昔前《むかしまえ》まではあこがれの的《まと》だったんじゃぞ？　わしらが栄《さか》えていた時代《じだい》は、わりと寒《さむ》くてな。みんな太陽《たいよう》の光《ひかり》で長《なが》い時間《じかん》、体《からだ》をあたためねば動《うご》けなんだ。けれどもわしらは、**この大《おお》きな帆《ほ》でたくさんの光《ひかり》を浴《あ》びられた。**だからほかの動物《どうぶつ》よりも早《はや》く活動《かつどう》できて、えものも狩《か》り放題《ほうだい》。ええ〜時代《じだい》じゃった。

ところがどっこい、しばらくすると地球《ちきゅう》の気温《きおん》が上《あ》がってきおった！　**そしたら急《きゅう》にほかの動物《どうぶつ》が自由《じゆう》に動《うご》き回《まわ》りはじめた。**わしの帆《ほ》は、もはやじゃまじゃった。

結局《けっきょく》、えものやすみかをうばわれて、わしらは絶滅《ぜつめつ》してもうたのじゃ。

2 やりすぎて、絶滅《ぜつめつ》

こうすりゃよかった
帆《ほ》を折《お》りたためる
ようになれば
よかったのかのう

絶滅年代《ぜつめつねんだい》	ペルム紀前期《きぜんき》
大《おお》きさ	全長《ぜんちょう》3m
生息地《せいそくち》	アメリカ
食《た》べ物《もの》	大型動物《おおがたどうぶつ》
分類《ぶんるい》	単弓類《たんきゅうるい》

見《み》た目《め》は恐竜《きょうりゅう》のようだが、両生類《りょうせいるい》とほ乳類《にゅうるい》の中間《ちゅうかん》に位置《いち》する「単弓類《たんきゅうるい》」というグループの動物《どうぶつ》。ディメトロドンが最大級《さいだいきゅう》の肉食動物《にくしょくどうぶつ》として栄《さか》えたペルム紀前期《きぜんき》は、気温《きおん》が低《ひく》かった。そのため、朝《あさ》の光《ひかり》をたくさん浴《あ》びてより早《はや》く体温《たいおん》を上《あ》げられる背中《せなか》の帆《ほ》は、とても役《やく》に立《た》ったはずだ。しかし、気候《きこう》が温暖《おんだん》になってくると帆《ほ》のメリットがなくなり、しだいにほろびていったのだろう。

先カンブリア時代	古生代						中生代			新生代		
	カンブリア紀	オルドビス紀	シルル紀	デボン紀	石炭紀	ペルム紀《ぺるむき》	三畳紀	ジュラ紀	白亜紀	古第三紀	新第三紀	第四紀

すいませぇ～ん！こんなかっこで失礼《しつれい》。

いや～おかげさまで、ぐんぐん体《からだ》が大《おお》きくなりましてね。いやいやめっそうもない！**全長《ぜんちょう》35mのうちの半分《はんぶん》は首《くび》の長《なが》さですから！**

えっ、さすがですね!?

おっしゃるとおり首《くび》のメンテナンスがたいへんなんですよ～。これでも首《くび》の骨《ほね》を軽《かる》くして、工夫《くふう》してるつもりなんですけどね。なっかなかうまくいかなくって。

首《くび》が折《お》れたらたいへんなんで、つけ根《ね》の骨《ほね》を丈夫《じょうぶ》にしたら、**動《うご》きが悪《わる》くなっちゃいましてね。**時計《とけい》の9時《じ》が首《くび》がまっすぐな状態《じょうたい》だとしたら、上《うえ》は10時《じ》くらいまでしか動《うご》かせないんです。

だからキリンみたいに高《たか》い木《き》の葉《は》は食《た》べられなくて。

いや、でも水平《すいへい》には動《うご》かせるんで。私《わたし》は背《せ》のびせず、肩《かた》の高《たか》さくらいの葉《は》を食《た》べますから、ほんとお気《き》づかいなく！

首《くび》が長《なが》すぎて絶滅《ぜつめつ》

マメンチサウルスさん

こうすりゃよかった
首《くび》をもうすこし短《みじか》くして
動《うご》きやすくしたほうが
正解《せいかい》でした

絶滅年代《ぜつめつねんだい》	ジュラ紀後期《きこうき》
大《おお》きさ	全長《ぜんちょう》35m
生息地《せいそくち》	中国《ちゅうごく》
食《た》べ物《もの》	木《き》の葉《は》
分類《ぶんるい》	は虫類《ちゅうるい》

恐竜《きょうりゅう》の中《なか》でもとびぬけて巨大《きょだい》で、長《なが》い首《くび》と尾《お》をもつグループを「竜脚類《りゅうきゃくるい》」という。マメンチサウルスはその中《なか》でもっとも首《くび》が長《なが》く、あまり歩《ある》かずに広《ひろ》い範囲《はんい》の植物《しょくぶつ》を食《た》べていたとされる。ところが、長《なが》い首《くび》を支《ささ》える骨《ほね》の強度《きょうど》を上《あ》げすぎて、首《くび》は上下左右《じょうげさゆう》に30°ずつしか動《うご》かせなかったらしい。これではどう考《かんが》えても使《つか》い勝手《がって》がよいとはいえず、かれらは生息地《せいそくち》を広《ひろ》げることなくほろんだようだ。

先カンブリア時代	古生代						中生代			新生代		
	カンブリア紀	オルドビス紀	シルル紀	デボン紀	石炭紀	ペルム紀	三畳紀	ジュラ紀《じゅらき》	白亜紀	古第三紀	新第三紀	第四紀

ひと休《やす》み❷ ―― 地層《ちそう》の歌《うた》

しかばね☆ミルフィーユ Live ver.

オウムガイ with ファンのみんな♪

作詞《さくし》：貝田《かいた》タカタカ

作曲《さっきょく》：貝田《かいた》タカタカ

♪あたしね 気《き》づいたの（えっ？）
地層《ちそう》って ミルフィーユみたい♡（なんで！）
古《ふる》い時代《じだい》から順番《じゅんばん》に（なにが？）
砂《すな》や小石《こいし》が 重《かさ》なってるの！（ワオ！）
進化《しんか》♡（絶滅《ぜつめつ》！）進化《しんか》♡（絶滅《ぜつめつ》）
地層《ちそう》を見《み》れば？（時代《じだい》がわかる！）
もうひとつ 気《き》づいたの（えっ？）
地層《ちそう》って 時代《じだい》ごとに色《いろ》がちがうの（なんで！）
時代《じだい》によってかわるから（なにが？）
土《つち》の質《しつ》とか 化石《かせき》の種類《しゅるい》（ワオ！）
進化《しんか》♡（絶滅《ぜつめつ》！）進化《しんか》♡（絶滅《ぜつめつ》）
地層《ちそう》を見《み》れば？（時代《じだい》がわかる！）
ねえ 生《い》き物《もの》は だれだって……
うまれたら死《し》ぬ それが定《さだ》め……（涙《なみだ》！）
なるしかないのよ 地層《ちそう》の一部《いちぶ》に
（なるしかないない！ それこそ運命《うんめい》！）
進化《しんか》♡（絶滅《ぜつめつ》！）進化《しんか》♡（絶滅《ぜつめつ》）
地層《ちそう》を見《み》れば？（時代《じだい》がわかる！）

3

不《ぶ》器《き》用《よう》で、絶滅《ぜつめつ》

息《いき》をしたり、ごはんを食《た》べたり、眠《ねむ》ったり。
生《い》きてるだけで充分《じゅうぶん》がんばってるんだから、
不器用《ぶきよう》だっていいじゃない。
絶滅《ぜつめつ》するかもしれないけどね。

ちゃんと飛《と》べなくて絶滅《ぜつめつ》

オ ツケ！　もう1回行《かいい》こっ！　つぎは飛《と》べる、ううん、飛《と》ぶ。なんかこう、つかめてきた感《かん》じする。

ハハ、とっくに知《し》ってるぜ……？　**おれが本当《ほんとう》は鳥《とり》の祖先《そせん》じゃないってことぐらい。**今《いま》いる鳥《とり》の祖先《そせん》はべつにいて、おれは子孫《しそん》を残《のこ》せなかった……そうだろ？　ばっか、そんな暗《くら》い顔《かお》すんなって。ほら笑顔《えがお》笑顔《えがお》！

たしかにおれは、筋肉《きんにく》がちょい少《すく》ない。でも見《み》てくれよ、**おれにだって翼《つばさ》があ**

2枚《まい》
飛《と》べないけど翼《つばさ》は5枚《まい》
シソチョウさん
3枚《まい》
4枚《まい》
5枚《まい》
ドタドタドタ

る。それも5枚《まい》も！ 飛《と》び上《あ》がるのは苦手《にがて》でも、高《たか》いところから飛《と》びおりるのは得意《とくい》なんだぜ？ それに骨《ほね》がスカスカだから軽《かる》いんだ。な？ 行《い》けそうだろ？

よっし、なんか元気《げんき》出《で》た！ 話《はなし》聞《き》いてくれてサンキュな。もう重力《じゅうりょく》なんか気《き》にしねえぞって、とりゃッ！……あっれ、おかしいな。

こうすりゃよかった
強《つよ》く羽《は》ばたける
翼《つばさ》と筋肉《きんにく》があったら
最高《さいこう》だったぜ

1枚《まい》
鳥《とり》なのに
歯《は》がぎっしり

絶滅年代《ぜつめつねんだい》	ジュラ紀後期《きこうき》
大《おお》きさ	全長《ぜんちょう》50cm
生息地《せいそくち》	ドイツ
食《た》べ物《もの》	昆虫《こんちゅう》
分類《ぶんるい》	鳥類《ちょうるい》

シソチョウは鳥《とり》のような翼《つばさ》をもつが、鳥《とり》にはない「前足《まえあし》の爪《つめ》」「しっぽ」「歯《は》」をもち、恐竜《きょうりゅう》から鳥《とり》に進化《しんか》する途中《とちゅう》のすがたをしていた。羽《は》ばたいて飛《と》ぶことはできないが、翼《つばさ》を広《ひろ》げてムササビのように滑空《かっくう》することはできたようだ。ただし、現在《げんざい》の鳥類《ちょうるい》の直接《ちょくせつ》の祖先《そせん》ではない。現在《げんざい》の鳥《とり》の祖先《そせん》となった飛《と》べる鳥《とり》があらわれると、すむ場所《ばしょ》や食《た》べ物《もの》をうばわれて絶滅《ぜつめつ》してしまったのだろう。

先カンブリア時代	古生代						中生代			新生代		
	カンブリア紀	オルドビス紀	シルル紀	デボン紀	石炭紀	ペルム紀	三畳紀	ジュラ紀《しゅらき》	白亜紀	古第三紀	新第三紀	第四紀

筋《きん》肉《にく》ムキムキで絶《ぜつ》滅《めつ》

しーっ、静《しず》かにっ！　せっかくえものが近《ちか》くに来《き》たのに、にげられちゃったじゃないの！

たしかに、あたしはマッチョなほうかもしれない。牙《きば》も長《なが》くて、そりゃ昔《むかし》はガオってた時期《じき》もあるわ。

でも「過《す》ぎたるは、なお及《およ》ばざるがごとし」っていうのかな……？　**速《はや》く走《はし》れ**

スミロドンさん

ないのよ。筋肉《きんにく》がじゃまで。逆《ぎゃく》にしっぽは短《みじか》すぎてね。バランスがとれないの。**速《はや》く動《うご》く才能《さいのう》ゼロ。**「ちょうどいい」ってむずかしいわ。

マンモスとかメガテリウムとか、デカくてのろい動《どう》物《ぶつ》がいた時代《じだい》にもどりたいわよ〜。

今《いま》はすばしっこい動物《どうぶつ》を相手《あいて》にしなくちゃなんなくて、もーたいへん。

だからこうして風下《かざしも》から気配《けはい》を消《け》して、そーっとしのびよってるわけよ。じゃましないでちょうだい！

こうすりゃよかった

チーターみたいにしなやかな体《からだ》のほうがよかったわね！

絶滅年代《ぜつめつねんだい》	第四紀《だいよんき》(完新世《かんしんせい》)
大《おお》きさ	体長《たいちょう》1.2m
生息地《せいそくち》	北《きた》アメリカ、南《みなみ》アメリカ
食《た》べ物《もの》	大型《おおがた》ほ乳類《にゅうるい》
分類《ぶんるい》	ほ乳類《にゅうるい》

スミロドンは、マンモスなどの動《うご》きののろい大型獣《おおがたじゅう》をねらい、前足《まえあし》でおさえつけてから大《おお》きい牙《きば》で切《き》りさくという狩《か》りをしていた。かれらはネコのなかまだが、足《あし》としっぽが短《みじか》く、首回《くびまわ》りの筋肉《きんにく》が発達《はったつ》したがっしり体型《たいけい》で、ジャンプや木《き》のぼりは苦手《にがて》だったようだ。そのため、大型獣《おおがたじゅう》がほろびると、すばしっこいえものをとらえることができず、絶滅《ぜつめつ》してしまったと考《かんが》えられている。

先カンブリア時代	古生代						中生代			新生代		
	カンブリア紀	オルドビス紀	シルル紀	デボン紀	石炭紀	ペルム紀	三畳紀	ジュラ紀	白亜紀	古第三紀	新第三紀	第四紀《だいよんき》

想像力《そうぞうりょく》がたりなくて

絶滅《ぜつめつ》 ネアンデルタール人《じん》さん

Y《ヨー》 OYO《ヨー》ブラザー、おまえらにうばわれた人類《じんるい》の王座《おうざ》。忘《わす》れもしねえ5万年前《まんねんまえ》。おれとおまえ遭《そう》遇《ぐう》、**So《ソー》 good《グッド》**な関係《かんけい》など**ナッシングー**。

マッチョなおれとマッチみたいなおまえ。どっちが強《つよ》いかなんて一目瞭然《いちもくりょうぜん》。当《とう》然《ぜん》、おれが勝《か》つ完全《かんぜん》。そう思《おも》ってたら逆転《ぎゃくてん》。**集団《しゅうだん》でおそってくるとかマジかんべん。**

してなかった想定《そうてい》。できなかった想像《そうぞう》。**おまえらが信《しん》じたのは神《かみ》。おれらが信《しん》じたのは肉《にく》。**地球《ちきゅう》にある肉《にく》は全部《ぜんぶ》おれのモノ。それをうばうやつはケダモノ。**協《きょう》力《りょく》して生活《せいかつ》するなんて考《かんが》えもしなかった。イエ〜。**

むれなかったおれたち。たりなかったのは信《しん》じるキモチ。神《かみ》、友《とも》、家族《かぞく》、みんなごめんな。忘《わす》れちゃいけない他者《たしゃ》への感謝《かんしゃ》。今《いま》なら信《しん》じられるよ**ラブ&ピース**。

イエ〜。

絶滅年代《ぜつめつねんだい》	第四紀《だいよんき》（更新世後期《こうしんせいこうき》）
大《おお》きさ	身長《しんちょう》1.6m
生息地《せいそくち》	ヨーロッパ
食《た》べ物《もの》	マンモスやシカ
分類《ぶんるい》	ほ乳類《にゅうるい》

ネアンデルタール人《じん》はわたしたち（ヒト）と生物学上《せいぶつがくじょう》ひじょうに近《ちか》い。そのうえ、ヒトよりも筋肉質《きんにくしつ》で力《ちから》が強《つよ》く、脳《のう》のサイズも大《おお》きかった。それなのにほろびてしまったのは、想像力《そうぞうりょく》がたりなかったからだという説《せつ》がある。みんなでひとつの神《かみ》を想像《そうぞう》してむれの結束《けっそく》を固《かた》められたヒトにくらべ、家族単《かぞくたん》位《い》の小《ちい》さな集団《しゅうだん》しかつくれなかったかれらは、数《かず》の力《ちから》で負《ま》けてしまったというわけだ。

先カンブリア時代	古生代						中生代			新生代		
	カンブリア紀	オルドビス紀	シルル紀	デボン紀	石炭紀	ペルム紀	三畳紀	ジュラ紀	白亜紀	古第三紀	新第三紀	第四紀《だいよんき》

クジラの逆襲《ぎゃくしゅう》で絶滅《ぜつめつ》

どいてどいてどいて、シャチ来《き》たシャチ、やばいこれ、やばいって！ **無理無理《むりむり》、勝《か》てない、シャチには勝《か》てない、あいつらすんごい強《つよ》いし超《ちょう》〜速《はや》いから！** おれは体《からだ》デカいけどおせぇから無理《むり》ッ！

海《うみ》があたたかかった時代《じだい》はよかったよ。おれ、クジラばっか食《く》ってたもん。**昔《むかし》のクジラって図体《ずうたい》もあんま大《おお》きくねぇし泳《およ》ぐのも速《はや》くないから、余裕《よゆう》で狩《か》りまくれた。もはや食《た》べ放題状態《ほうだいじょうたい》。**

それなのにだんだん海《うみ》が冷《つめ》たくなってきて。寒《さむ》すぎておれはのろのろ動《うご》くのでせいいっぱいなのに、**クジラのやつら、逆《ぎゃく》にスピード上《あ》げる方向《ほうこう》に進化《しんか》してきて。**

クジラ食《た》べられなくなったうえに、最終的《さいしゅうてき》にシャチみたいな速《はや》くて強《つよ》い化《ば》けもんがうまれて、おれのことねらってくるし。**進化《しんか》ってマジでえげつねぇのな？**

速《はや》そうなのにじつはとろい
歯《は》だけで17cm

メガロドンさん

こうすりゃよかった
クジラみてぇに
体温《たいおん》をたもてたら
おれも速《はや》く泳《およ》げたのによ

絶滅年代《ぜつめつねんだい》	新第三紀《しんだいさんき》(鮮新世中期《せんしんせいちゅうき》)
大《おお》きさ	全長《ぜんちょう》12m
生息地《せいそくち》	熱帯《ねったい》から温帯《おんたい》の海《うみ》
食《た》べ物《もの》	クジラ
分類《ぶんるい》	軟骨魚類《なんこつぎょるい》

人食《ひとく》いザメ「ジョーズ」として知《し》られるホホジロザメより全長《ぜんちょう》が3倍《ばい》、体重《たいじゅう》が27倍《ばい》もある巨大《きょだい》ザメがメガロドンだ。かれらは体長《たいちょう》4mほどのクジラをえものとしていたが、海水温《かいすいおん》が下《さ》がると事情《じじょう》がかわった。クジラは水温《すいおん》に関係《かんけい》なく動《うご》き回《まわ》れるが、サメは動《うご》きがにぶってしまう。おまけに、クジラが進化《しんか》してスピードアップしたため、いよいよメガロドンの手《て》にはおえなくなったようだ。

先カンブリア時代	古生代						中生代			新生代		
	カンブリア紀	オルドビス紀	シルル紀	デボン紀	石炭紀	ペルム紀	三畳紀	ジュラ紀	白亜紀	古第三紀	新第三紀《しんだいさんき》	第四紀

歯《は》が弱《よわ》くて絶《ぜつ》滅《めつ》

アノマロカリスさん

こう見《み》えてお口《くち》はデリケート♡

ばっかも〜ん！ま〜た硬《かた》い三葉虫《さんようちゅう》ではないか！こんなものをわしに食《く》えと申《もう》すか！

お主《ぬし》、わしをだれだと心《こころ》得《え》ておる？**われこそはカンブリア紀《き》の王《おう》・アノマロカリスであるぞ！**たかだか10㎝以下《いか》の小物《こもの》しかおらんかった時代《じだい》に、1mの大《おお》きさがあった動物《どうぶつ》なんて、わしぐらいじゃ。

それにわしは目《め》がものすごくいいんじゃ。目玉《めだま》の向《む》きを自由《じゆう》にかえることだってできる。昔《むかし》はこれでやわらかくてうまそうな三葉虫《さんようちゅう》を見《み》つけては、よく食《く》ったものよ。

それなのにあやつら、どんどん殻《から》を硬《かた》く進化《しんか》させおった。さらにトゲトゲを生《は》やして身《み》を守《まも》るなど、調子《ちょうし》にのりおって……！

わしは歯《は》が弱《よわ》いから食《く》えんではないかッ！え〜いだれか、脱皮《だっぴ》したての三葉《さんよう》虫《ちゅう》を持《も》ってこ〜い！

こうすりゃよかった
殻《から》をくだけるくらい
強《つよ》い歯《は》を手《て》に入《い》れる
べきじゃった

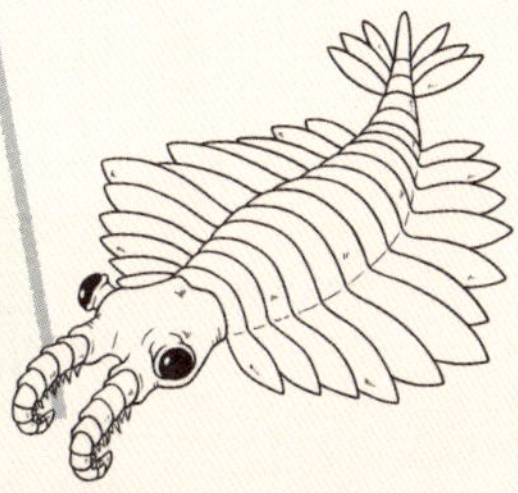

絶滅年代《ぜつめつねんだい》	カンブリア紀中期《きちゅうき》
大《おお》きさ	全長《ぜんちょう》1m
生息地《せいそくち》	北《きた》アメリカ、中国《ちゅうごく》
食《た》べ物《もの》	三葉虫《さんようちゅう》など
分類《ぶんるい》	アノマロカリス類《るい》

カンブリア紀《き》の海《うみ》で最大《さいだい》の動物《どうぶつ》として君臨《くんりん》していたのがアノマロカリスだ。当時《とうじ》としてはとても発達《はったつ》した目《め》とヒレをもち、足《あし》はなかったが、頭《あたま》の前《まえ》にある2本《ほん》の太《ふと》い触手《しょくしゅ》でえものをつかみ上《あ》げ、丸《まる》い口《くち》まで運《はこ》んで食《た》べていたらしい。しかし、あまり硬《かた》いものは食《た》べられなかったと考《かんが》えられており、だんだんと体《からだ》の硬《かた》い動物《どうぶつ》が増《ふ》えてきたためにほろびてしまったようだ。

先カンブリア時代	古生代						中生代			新生代		
	かんぶりあき カンブリア紀	オルドビス紀	シルル紀	デボン紀	石炭紀	ペルム紀	三畳紀	ジュラ紀	白亜紀	古第三紀	新第三紀	第四紀

大《おお》食《ぐ》いで絶《ぜつ》滅《めつ》

パラケラテリウムさん

うま！　うまままままうまし！　この葉《は》っぱ……芳醇《ほうじゅん》ッ！　食欲《しょくよく》が止《と》まりませぬぞ～！

ややっ失礼《しつれい》。見《み》てのとおり、**わたくし地面《じめん》から頭《あたま》のてっぺんまで7mもある巨《きょ》体《たい》なのです。**ゆえに一日《いちにち》20時間《じかん》ぐらい食《た》べ続《つづ》けねば、生《い》きていけないのであります。ゲエーップ。

そういえば体《からだ》が重《おも》すぎて、うっかり沼《ぬま》に足《あし》をふみ入《い》れたが最後《さいご》、転《ころ》んで起《お》き上《あ》がれなくなって沈《しず》んだなかまもおりましたなあ！

ところがだんだんと地球《ちきゅう》が寒《さむ》くなり空気《くうき》が乾燥《かんそう》してくると、ウップフ！　森《もり》の木《き》が枯《か》れて草原《そうげん》になってしまったのであります。

わたくし、**首《くび》を上《あ》げ下《さ》げして地面《じめん》の草《くさ》を食《た》べるのはたいへんで**……もぐもぐ……**しかも量《りょう》がぜんぜんたりない**ので、結局《けっきょく》そのまま、ヒック！　失礼《しつれい》、飢《う》え死《じ》にしたのであります。もぐ。

もぐもぐもぐもぐもぐもぐもぐもぐもぐもぐもぐもぐもぐもぐ
食欲《しょくよく》はゾウの10倍《ばい》
サイなんて子《こ》どもに見《み》える

こうすりゃよかった
草《くさ》も食《た》べられるように
なりたかったですね〜
もぐもぐ

絶滅年代《ぜつめつねんだい》	古第三紀《こだいさんき》(漸新世後期《ぜんしんせいこうき》)
大《おお》きさ	肩《かた》までの高《たか》さ5.5m
生息地《せいそくち》	ユーラシア大陸《たいりく》
食《た》べ物《もの》	木《き》の葉《は》や枝《えだ》
分類《ぶんるい》	ほ乳類《にゅうるい》

史上最大《しじょうさいだい》の陸上《りくじょう》ほ乳類《にゅうるい》がこのパラケラテリウムだ。サイに近《ちか》いグループだが、体重《たいじゅう》はクロサイの20倍《ばい》(20t《トン》)もあった。サイのような角《つの》はもっていなかったが、オスは長《なが》い首《くび》をふり回《まわ》す頭《ず》つき攻撃《こうげき》を得意《とくい》としていたらしい。背《せ》の高《たか》さをいかして高《たか》い木《き》の葉《は》をひとりじめして食《た》べていたが、気候《きこう》が乾燥《かんそう》して木《き》が少《すく》なくなると充分《じゅうぶん》な食《た》べ物《もの》が得《え》られなくなり、絶滅《ぜつめつ》したと考《かんが》えられている。

先カンブリア時代	古生代						中生代			新生代		
	カンブリア紀	オルドビス紀	シルル紀	デボン紀	石炭紀	ペルム紀	三畳紀	ジュラ紀	白亜紀	古第三紀《こだいさんき》	新第三紀	第四紀

酸素《さん》《そ》がたりなくて絶滅《ぜつめつ》

そなたは「盛者必衰《じょうしゃひっすい》」という言葉《ことば》を知《し》っておるか？ **どんなに強《つよ》きものでも、いつかはかならず弱《よわ》くなるということよ。**

3億《おく》5000万年前《まんねんまえ》に海《うみ》の王者《おうじゃ》だった拙者《せっしゃ》も同《おな》じであった。**拙者《せっしゃ》の体《からだ》は板《いた》のような硬《かた》い骨《ほね》におおわれ、その強《つよ》さよろいのごとし。**

身《み》のたけも10mとたいそう大《おお》きく、かむ力《ちから》はティラノサウルス以上《いじょう》とまさに敵《てき》なしであった。

そんな拙者《せっしゃ》が、**1㎜にも満《み》たない大《おお》きさの*植物《しょくぶつ》プランクトンらにほろぼされるとは、**運命《うんめい》とはいたずらなものよ。

この時代《じだい》、地上《ちじょう》には巨大《きょだい》な植物《しょくぶつ》があらわれおった。

その植物《しょくぶつ》が枯《か》れて海《うみ》に流《なが》れこむと、植物《しょくぶつ》プランクトンはそれを栄養《えいよう》に大量《たいりょう》に増《ふ》えたのだ。

そのせいで海中《かいちゅう》の酸素《さんそ》がたりなくなり、一族《いちぞく》もろともちっ息《そく》よ。無念《むねん》なり！

*植物《しょくぶつ》プランクトン…植物《しょくぶつ》のように太陽《たいよう》の光《ひかり》を浴《あ》びてエネルギーをつくる、水中《すいちゅう》をただよう生《い》き物《もの》

3

不器用《ぶきよう》で、絶滅《ぜつめつ》

ダンクルオステウスさん

こうすりゃよかった

これもその時代《じだい》に
うまれた定《さだ》め。
いたしかたなし

絶滅年代《ぜつめつねんだい》	デボン紀後期《きこうき》
大《おお》きさ	全長《ぜんちょう》10m
生息地《せいそくち》	北《きた》アメリカ、アフリカ
食《た》べ物《もの》	魚《さかな》
分類《ぶんるい》	板皮類《ばんぴるい》

ダンクルオステウスが栄《さか》えたデボン紀《き》は、陸上《りくじょう》にはじめて樹木《じゅもく》があらわれた時代《じだい》。でも、まだ植物《しょくぶつ》を分解《ぶんかい》するキノコやシロアリは進化《しんか》していなかった。そのため、大量《たいりょう》の枯《か》れた植物《しょくぶつ》が川《かわ》から海《うみ》に流《なが》れこむと、その栄養《えいよう》をとりこんでプランクトンが大発生《だいはっせい》してしまう。結果《けっか》、プランクトンが海《うみ》の中《なか》の酸素《さんそ》を使《つか》いはたしてしまい、ダンクルオステウスをはじめ海洋生物《かいようせいぶつ》の80%以上《いじょう》の種《しゅ》がほろんだ。

先カンブリア時代	古生代						中生代			新生代		
	カンブリア紀	オルドビス紀	シルル紀	デボン紀《でぼんき》	石炭紀	ペルム紀	三畳紀	ジュラ紀	白亜紀	古第三紀	新第三紀	第四紀

絶《ぜつ》滅《めつ》

風《かぜ》が吹《ふ》かなくなって

ああ無《む》風《ふう》

アルゲンタビスさん

ウエントス・ウェントス・ルルルルル……。風《かぜ》さん、どうかおいでください。**もうかれこれ3時間《じかん》以上《いじょう》この体勢《たいせい》で待《ま》っています。**いいかげん翼《つばさ》がつかれました。**あとすっごい無防《むぼう》備《び》です。寒《さむ》いです。**

ウェントス・ウェントス・ルルルルル……。風《かぜ》さん、どうして来《き》てくれないのですか。わたしはあなたが吹《ふ》かないと飛《と》べません。

体重《たいじゅう》が80kgもあるから。あなたがいなければ、空《そら》から動物《どうぶつ》の死体《したい》を探《さが》して食《た》べることもできないのです。

ウェントス・ウェントス・ルルルルル……。ああ風《かぜ》さん、あなたは消《き》えてしまったのですね。**きっと地球《ちきゅう》が寒《さむ》くなってしまったから。**

昔《むかし》、暑《あつ》かったころは、アンデス山脈《さんみゃく》に向《む》かって、いつも力強《ちからづよ》い風《かぜ》が吹《ふ》いていたのに……。

こうすりゃよかった

もっと体重《たいじゅう》が軽《かる》ければ
自分《じぶん》の力《ちから》で
飛《と》べましたね

絶滅年代《ぜつめつねんだい》	新第三紀《しんだいさんき》（中新世後期《ちゅうしんせいこうき》）
大《おお》きさ	全長《ぜんちょう》1.5m
生息地《せいそくち》	南《みなみ》アメリカ
食《た》べ物《もの》	ほ乳類《にゅうるい》の死体《したい》
分類《ぶんるい》	鳥類《ちょうるい》

アルゲンタビスは、鳥類《ちょうるい》史上《しじょう》最大《さいだい》の飛《と》べる鳥《とり》。翼《つばさ》を広《ひろ》げると7.2m、体重《たいじゅう》80kgもあった。ただし、鳥《とり》が自力《じりき》で飛《と》べるのは、せいぜい体重《たいじゅう》16kgくらいまで。では、かれらがどうやって飛《と》んでいたのかというと、あたたかい地面《じめん》から空《そら》へと吹《ふ》き上《あ》げる「上昇気流《じょうしょうきりゅう》」を利用《りよう》していたらしい。しかし、気候《きこう》がかわって寒《さむ》くなると、上昇気流《じょうしょうきりゅう》が弱《よわ》まり、空《そら》を飛《と》べずにほろびてしまったようだ。

先カンブリア時代	古生代						中生代			新生代		
	カンブリア紀	オルドビス紀	シルル紀	デボン紀	石炭紀	ペルム紀	三畳紀	ジュラ紀	白亜紀	古第三紀	新第三紀《しんだいさんき》	第四紀

中途半端《ちゅうとはんぱ》で絶滅《ぜつめつ》

パキケトゥスさん

え〜、どうしよ〜？ 迷《まよ》う〜。あたし陸《りく》に残《のこ》るべき〜？ それとも海《うみ》にもぐるべき〜？

あたし、オオカミみたいな顔《かお》してるけど、**ウシみたいなヒヅメがあって、走《はし》るのが得意《とくい》なの。**

しかも耳《みみ》の骨《ほね》が厚《あつ》くて、**水《みず》の中《なか》でも音《おと》がよく聞《き》こえるから、魚《さかな》もつかまえられるんだ〜。**

だから陸《りく》も水《みず》も、どっちもいけるのよね〜。でも泳《およ》ぐのはあんま得意《とくい》じゃないから、やっぱ陸《りく》かな〜？

とか言《い》って悩《なや》んでたら、**あたしの子孫《しそん》の一部《いちぶ》は海《うみ》に行《い》ってクジラに進化《しんか》したらしい。**あたしのかわいい見《み》た目《め》とぜんぜん似《に》てないし、進化《しんか》ってやばすぎない？

しかも、**クジラにならなかった子孫《しそん》は陸《りく》にライバルが多《おお》すぎて絶滅《ぜつめつ》したし。**

やっぱ悩《なや》まずに海系《うみけい》行《い》っとくべきだったのかな〜、ね〜？

陸《りく》か海《うみ》か、それが問題《もんだい》だ

こうすりゃよかった

生《い》きる場所《ばしょ》を
かえる決断《けつだん》も
ときには必要《ひつよう》なのかな～

絶滅年代《ぜつめつねんだい》	古第三紀《こだいさんき》（始新世初期《ししんせいしょき》）
大《おお》きさ	体長《たいちょう》1.5m
生息地《せいそくち》	パキスタン
食《た》べ物《もの》	魚《さかな》や小型《こがた》ほ乳類《にゅうるい》
分類《ぶんるい》	ほ乳類《にゅうるい》

見《み》た目《め》からは想像《そうぞう》もつかないが、パキケトゥスの子孫《しそん》はクジラだ。もともと、パキケトゥスは陸《りく》と水中《すいちゅう》を行《い》き来《き》して魚《さかな》などを食《た》べていた。その中《なか》から、より水中生活《すいちゅうせいかつ》に適応《てきおう》するものたちがあらわれ、後《のち》にクジラになったのである。一方《いっぽう》、陸《りく》に残《のこ》ったパキケトゥスの子孫《しそん》は、陸《りく》にも海《うみ》にも特化《とっか》することなく、どっちつかずで、結局《けっきょく》ライバルなどの出現《しゅつげん》によりほろんでしまったようだ。

先カンブリア時代	古生代						中生代			新生代		
	カンブリア紀	オルドビス紀	シルル紀	デボン紀	石炭紀	ペルム紀	三畳紀	ジュラ紀	白亜紀	古第三紀《こだいさんき》	新第三紀	第四紀

クジラが南極《なんきょく》に泳《およ》いできて絶《ぜつ》滅《めつ》

だいたい3300万年《まんねん》前《まえ》の話《はなし》なんですけどね。そのころあたしは南極《なんきょく》大陸《たいりく》にすんでいた。

南極《なんきょく》といっても、今《いま》よりあたたかくて、敵《てき》もいませんでしたから、**あたしはたっぷり魚《さかな》を食《た》べて、大《おお》きくなっていったんですねぇ。**

それであるとき、いつものように海《うみ》を泳《およ》いでいたら、**見《み》たこともない黒《くろ》くて大《おお》きい岩《いわ》が遠《とお》くのほうにぼや〜っと見《み》えた。**あれ〜おかしいへんだな〜

な〜と思《おも》っていると、その岩《いわ》がどんどん近《ちか》づいてきた。「あ、これはやばい」と思《おも》った瞬間《しゅんかん》、**岩《いわ》が真《ま》ん中《なか》からバカッて上下《じょうげ》にわれて、ガバーッて目《め》の前《まえ》の魚《さかな》を丸《まる》のみにしていったんです。**

どうやって帰《かえ》ったのかは覚《おぼ》えていませんが、それからめっきりえものがとれなくなったんです。**じつはそのころからクジラが南極《なんきょく》に出《で》るようになった**って、後《あと》で知《し》りました。

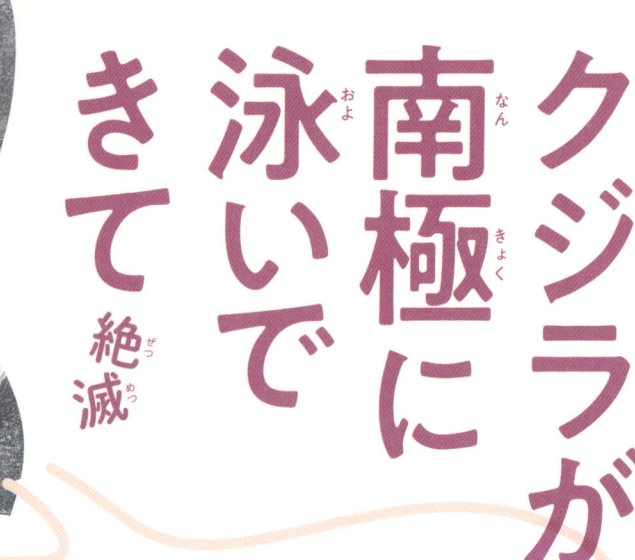

未知《みち》との遭遇《そうぐう》

ジャイアントペンギンさん

こうすりゃよかった

えものが少《すく》なくなっても
生《い》きのびるには
小《ちい》さい体《からだ》がいいですねぇ

絶滅年代《ぜつめつねんだい》	古第三紀《こだいさんき》（漸新世前期《ぜんしんせいぜんき》）
大《おお》きさ	頭《あたま》のてっぺんまで1.4~1.8m
生息地《せいそくち》	南極大陸周辺《なんきょくたいりくしゅうへん》
食《た》べ物《もの》	魚《さかな》やオキアミ
分類《ぶんるい》	鳥類《ちょうるい》

白亜紀末《はくあきまつ》に、海《うみ》を支配《しはい》していた首長竜《くびながりゅう》たちが絶滅《ぜつめつ》した。そこにいち早《はや》く進出《しんしゅつ》したのがペンギンの祖先《そせん》だ。海《うみ》に適《てき》した体《からだ》に進化《しんか》していくうちに、翼《つばさ》が厚《あつ》く短《みじか》くなって飛《と》べなくなり、大型化《おおがたか》したものもあらわれた。しかし、おくれて進化《しんか》してきたクジラが南極周辺《なんきょくしゅうへん》までやってくると、大型化《おおがたか》したペンギンたちはえものをうばわれ絶滅《ぜつめつ》してしまったようだ。

先カンブリア時代	古生代						中生代			新生代		
	カンブリア紀	オルドビス紀	シルル紀	デボン紀	石炭紀	ペルム紀	三畳紀	ジュラ紀	白亜紀	古第三紀《こだいさんき》	新第三紀	第四紀

草《くさ》を食《た》べたら絶滅《ぜつめつ》

ふっ……、今《いま》さら語《かた》ることなんてねえさ。**「完敗《かんぱい》」。その二文字《ふたもじ》だけで理由《りゆう》なんて充分《じゅうぶん》だ。**

おれの祖先《そせん》は、もともと森《もり》で木《き》の葉《は》を食《た》べていたらしい。ところが気候《きこう》が乾燥《かんそう》したせいで森《もり》がどんどん少《すく》なくなって、**しぶしぶ草原《そうげん》に出《で》なきゃならなくなった。**そしてうまれたのが、硬《かた》い草《くさ》を食《た》べられるおれさ。

ライバルはたくさんいた。でも勝負《しょうぶ》するしか道《みち》はねえ。

自信《じしん》？　そんなものはいらないね。目《め》の前《まえ》にあるものをただ食《く》う。生《い》きるために必要《ひつよう》なのはそれだけさ。

ただ……ぽっと出《で》のおれが勝負《しょうぶ》できるほど、草原《そうげん》は甘《あま》くなかった。ターパン、シマウマ、スイギュウ、それにインパラ……。**やつらは草《くさ》を食《く》うプロだ。**

食《く》いつくされていく草《くさ》を見《み》ながら、おれはときどき**「ああ、やっぱ木《き》の葉《は》が食《く》いてえな」なんて思《おも》ってたよ。**

シバテリウムさん

こうすりゃよかった
森《もり》が少《すく》なくなっても
ほそぼそと木《き》の葉《は》を
食《く》ってりゃよかった

こう見《み》えて、じつはキリンのなかま。もとは森《もり》で木《き》の葉《は》を食《た》べていたが、気候《きこう》がかわって森林《しんりん》がどんどん草原《そうげん》になってしまったため、しかたなく草原《そうげん》に進出《しんしゅつ》した。シバテリウムは、歯《は》に厚《あつ》みがあり、硬《かた》い草《くさ》を食《た》べられるように進化《しんか》していった。しかし、草原《そうげん》にはウマやウシのなかまなど、草《くさ》を食《た》べるライバルが多《おお》く、生《せい》存競争《ぞんきょうそう》に負《ま》けて絶滅《ぜつめつ》してしまったようだ。

絶滅年代《ぜつめつねんだい》	第四紀《だいよんき》（更新世後期《こうしんせいこうき》）
大《おお》きさ	肩《かた》までの高《たか》さ2m
生息地《せいそくち》	アフリカ、ユーラシア大陸《たいりく》
食《た》べ物《もの》	草《くさ》
分類《ぶんるい》	ほ乳類《にゅうるい》

先カンブリア時代	古生代						中生代			新生代		
	カンブリア紀	オルドビス紀	シルル紀	デボン紀	石炭紀	ペルム紀	三畳紀	ジュラ紀	白亜紀	古第三紀	新第三紀《しんだいさんき》	第四紀《だいよんき》

絶《ぜつ》滅《めつ》 干《ひ》からびて

マストドンサウルスさん

なあなぁ、足《あし》の1本《ぼん》ぐらいいいだろ～？ ちょっと食《た》べさせろよ～？

どうせおれは、水辺《みずべ》にしがみついて生《い》きるしかねぇんだ。頭《あたま》ばっかりデカくなって、陸《りく》を歩《ある》くのもつらいしよお。

おまけに下《した》の歯《は》が、上《うわ》アゴから飛《と》び出《だ》しちまった。ったくよお～、鼻毛《はなげ》じゃねえって何回《なんかい》言《い》えばわかんだよ、ちっくしょお～。

おれだってよお、出《で》てきたころは、「めちゃくちゃデカい両生類《りょうせいるい》がいる」ってうわさになったんだ。

それがなんだよ、**ワニのやつが登場《とうじょう》したとたん、おれはおはらい箱《ばこ》かよ。**

ワニのやつ、ちょっと乾《かん》燥《そう》に強《つよ》いだけで調子《ちょうし》にのりやがって、クソッ！

ああ～、なんですんでた川《かわ》が干上《ひあ》がっちまったのかな～。**もうちょっと乾燥《かんそう》に強《つよ》ければ、おれも生《い》き残《のこ》れたのによ～。**

おいっ、水持《みずも》ってこい水《みず》！ 干《ひ》からびちまうぞ！

こうすりゃよかった

ワニみたいな
乾燥《かんそう》に耐《た》えられる
強《つよ》い肌《はだ》がほしかったなぁ

絶滅年代《ぜつめつねんだい》	三畳紀後期《さんじょうきこうき》
大《おお》きさ	全長《ぜんちょう》6m
生息地《せいそくち》	世界中《せかいじゅう》の川《かわ》
食《た》べ物《もの》	魚《さかな》
分類《ぶんるい》	両生類《りょうせいるい》

平《ひら》べったい体《からだ》に大《おお》きな頭《あたま》をもつマストドンサウルスは、池《いけ》や川《かわ》でくらしていた史上最大級《しじょうさいだいきゅう》の両生類《りょうせいるい》。頭《あたま》だけで最大《さいだい》1.4mもあり、体全体《からだぜんたい》の4分《ぶん》の1にもおよぶ。幼生《ようせい》のときは水中《すいちゅう》でエラ呼吸《こきゅう》、おとなになると陸《りく》で肺呼吸《はいこきゅう》をしていたが、乾燥《かんそう》に弱《よわ》く水《みず》から離《はな》れられなかった。乾季《かんき》に水《みず》が少《すく》なくなるとわずかな水《みず》たまりに寄《よ》り集《あつ》まって団子状態《だんごじょうたい》になり、全滅《ぜんめつ》してしまうこともあったようだ。

先カンブリア時代	古生代						中生代			新生代		
	カンブリア紀	オルドビス紀	シルル紀	デボン紀	石炭紀	ペルム紀	三畳紀《さんじょうき》	ジュラ紀	白亜紀	古第三紀	新第三紀	第四紀

やみくもに上《じょう》陸《りく》して絶《ぜつ》滅《めつ》

イクチオステガさん

お、あんた！　ここすわれや、ここ。

おれさ、ちょっと前《まえ》に川《かわ》から陸《りく》に上《あ》がってきたんだけどさ、なんもいいことねーんだわ。陸《りく》に上《あ》がれば食《く》い物《もの》もたくさんあっかなーって思《おも》ってたら、ちっこい虫《むし》しかいねぇでやんの！　しけるわー。

あ、おれの胸《むね》さわってみなよ。そっと、そっとな？

ゴツゴツしてるだろ？　これ、ろっ骨《こつ》。すんごい太《ふと》いんだ。水《みず》の中《なか》とちがって、陸《りく》だと体《からだ》を支《ささ》えんのもたいへんだろ？　だから骨《ほね》と骨《ほね》が重《かさ》なるくらい太《ふと》く頑丈《がんじょう》にしたの。

そしたら体《からだ》を左右《さゆう》にくねらせることができなくなって、うまく泳《およ》げなくなっちった、ダハッ！

かといって陸《りく》を歩《ある》くのものろいんだよなあ。体《からだ》が重《おも》いから。虫《むし》つかまえて食《く》っても腹《はら》いっぱいになんねえしなあ。

あ〜あ！　なんで陸《りく》に上《あ》がっちまったかな〜おれ。

こうすりゃよかった
せめて大《おお》きな虫《むし》が出《で》てきてから上陸《じょうりく》すべきだったなぁ

絶滅年代《ぜつめつねんだい》	デボン紀《き》後期《こうき》
大《おお》きさ	全長《ぜんちょう》1m
生息地《せいそくち》	グリーンランド
食《た》べ物《もの》	魚《さかな》
分類《ぶんるい》	両生類《りょうせいるい》

脊椎動物《せきついどうぶつ》（背骨《せぼね》をもつ動物《どうぶつ》）の中《なか》で、最初《さいしょ》に陸上《りくじょう》を歩《ある》いたとされるのがイクチオステガだ。足《あし》のような太《ふと》いヒレや、空気《くうき》を吸《す》える肺《はい》がある「肉鰭類《にくきるい》」の魚《さかな》から進化《しんか》した。しかし、かれらは体《からだ》が大《おお》きく、胸《むね》の骨《ほね》が頑丈《がんじょう》になりすぎたために、陸上《りくじょう》でも水中《すいちゅう》でも動《うご》きがにぶかった。しかも、かれらがいたデボン紀《き》には、充分《じゅうぶん》なえものが陸《りく》におらず、上陸《じょうりく》は失敗《しっぱい》に終《お》わったようだ。

先カンブリア時代	古生代						中生代			新生代		
	カンブリア紀	オルドビス紀	シルル紀	デボン紀《でぼんき》	石炭紀	ペルム紀	三畳紀	ジュラ紀	白亜紀	古第三紀	新第三紀	第四紀

ひと休《やす》み③――隕石《いんせき》の歌《うた》

超《ちょう》絶《ぜつ》隕《いん》石《せき》ストライク

うた：ティラノサウルス
作詞《さくし》：てぃ〜れっくす
作曲《さっきょく》：BADWINGS

♪
宇宙《うちゅう》のかなたから やってきたッ！
6600万年前《まんねんまえ》に やってきたッ！
時速《じそく》70万《まん》キロでぶつかった
直径《ちょっけい》10キロの巨大《きょだい》なあいつ

その名《な》は隕石《いんせき》！ 超絶《ちょうぜつ》ショック！
地球直撃《ちきゅうちょくげき》メテオ・インパクトッ！
だれものがれられない ほろびの運命《うんめい》

あたり一面《いちめん》 粉々《こなごな》だッ
すべては一瞬《いっしゅん》で 蒸発《じょうけつ》だッ
300メートルの津波《つなみ》引《ひ》き起《お》こし
直径《ちょっけい》150キロの穴《あな》を残《のこ》したあいつ

その名《な》は隕石《いんせき》！ 激烈《げきれつ》ショック！
うそだと思《おも》うなら 行《い》ってみろ
メキシコの穴《あな》
チクシュルブ・クレーター

おれたち恐竜《きょうりゅう》 みんな絶滅《ぜつめつ》
気《き》をつけろ やつらは やってくる
6000万年《まんねん》に一度《いちど》 やってくる
その運命《うんめい》にふるえて眠《ねむ》れ（センキュー！）

4 不《ふ》運《うん》にも、絶《ぜつ》滅《めつ》

今《いま》、地《ち》球上《きゅうじょう》にいる生《い》き物《もの》は
たまたま生《い》き残《のこ》ってここにいる。
逆《ぎゃく》にいうと、絶《ぜつ》滅《めつ》した生《い》き物《もの》は、
たまたまほろんでしまっただけ。

隕石《いんせき》が落《お》ちて絶滅《ぜつめつ》

ティラノサウルスさん

ありえねえ。隕石《いんせき》が落《お》ちてくるとかマジでありえねえ。**直径《ちょっけい》10kmて(笑《わらい》)。**地球《ちきゅう》にぶつかったとき、**高《たか》さ300mの津波《つなみ》がきたからね。**さすがにビビったわ、あれは。「地球《ちきゅう》とけた?」って思《おも》ったもん。

でもおれは水《みず》になんか負《ま》けない。問題《もんだい》はその後《あと》よ。隕石《いんせき》がぶつかったせいで、はんぱじゃない量《りょう》の砂《すな》が空《そら》に舞《ま》い上《あ》がって、地球《ちきゅう》をすっぽりおおっちまったんだ。そのせいで、地球《ちきゅう》はものすごく寒《さむ》くなった。で、植物《しょくぶつ》が育《そだ》たなくなって、それを食《た》べてた草食恐竜《そうしょくきょうりゅう》どもが死《し》んでいった。

生《い》きようよそこは! いや生《い》きてたらおれが食《た》べるんだけれども! まあ、しばらくはそいつらの死体《したい》を食《く》ってたんだけど、さすがに続《つづ》かないよね。結局死体《けっきょくしたい》もすぐになくなって、**腹《はら》は減《へ》るわ、超寒《ちょうさむ》いわで、絶滅《ぜつめつ》よ。**

こうすりゃよかった
クマみたいに
冬眠《とうみん》するって手《て》も
あったかもな

絶滅年代《ぜつめつねんだい》	白亜紀末《はくあきまつ》
大《おお》きさ	全長《ぜんちょう》12m
生息地《せいそくち》	北《きた》アメリカ
食《た》べ物《もの》	中型《ちゅうがた》から大型《おおがた》の恐竜《きょうりゅう》
分類《ぶんるい》	は虫類《ちゅうるい》

白亜紀《はくあき》の後期《こうき》にあらわれた最大級《さいだいきゅう》の肉食恐竜《にくしょくきょうりゅう》。不完全《ふかんぜん》ながらほ乳類《にゅうるい》のように体温《たいおん》を一定《いってい》にたもつことができ、時速《じそく》30kmくらいで走《はし》れたと考《かんが》えられている。ただし、体《たい》温《おん》を維持《いじ》するにはたくさんの栄養《えいよう》が必要《ひつよう》だった。そのため、6600万年前《まんねんまえ》に隕石《いんせき》が地球《ちきゅう》に落《お》ちてくると、その後《あと》に起《お》こった食料不足《しょくりょうぶそく》をのりこえられず、ほかの恐竜《きょうりゅう》たちとともにほろびてしまった。ちなみに、このときには地球上《ちきゅうじょう》の生《い》き物《もの》の70%の種《しゅ》が絶滅《ぜつめつ》している。

先カンブリア時代	古生代						中生代			新生代		
	カンブリア紀	オルドビス紀	シルル紀	デボン紀	石炭紀	ペルム紀	三畳紀	ジュラ紀	白亜紀《はくあき》	古第三紀	新第三紀	第四紀

オオウミガラスさん

島《しま》が沈《ちん》没《ぼつ》して絶《ぜつ》滅《めつ》

絶《ぜっ》体《たい》絶《ぜつ》命《めい》！

あ、海《うみ》がせまってくる。どうやらここももうダメみたいです……。**わたし、鳥《とり》なのに空《そら》を飛《と》べないんです。**

ペンギンではありませんよ。見《み》た目《め》も海《うみ》にもぐるところもそっくりですが、ぜんぜんちがう鳥《とり》なんです。

もともとわたしはあたたかい場所《ばしょ》にすんでいましたが、人間《にんげん》に狩《か》られてしまい、北《きた》へ北《きた》へとにげてきました。**そして最後《さいご》にたどりついたのが、アイスランド島《とう》の近《ちか》くにあるこの島《しま》。**数《かず》は減《へ》りましたが、しばらくは平和《へいわ》にくらしていました。

ところが近《ちか》くの海底火山《かいていかざん》が、とつぜん噴火《ふんか》したんです。そのせいで大地震《だいじしん》が起《お》こり、**わたしたちのすむ島《しま》は海《うみ》に沈《しず》んでしまったのでした。**

はあ……、あともうすこし生《い》きのびてさえいれば、ペンギンみたいな人気者《にんきもの》になれたかもしれないと思《おも》うと、残念《ざんねん》でなりません。

こうすりゃよかった

ペンギンのように、最初《さいしょ》から人《ひと》の少《すく》ない場所《ばしょ》にすむべきでした

絶滅年代《ぜつめつねんだい》	1844年《ねん》
大《おお》きさ	全長《ぜんちょう》80cm
生息地《せいそくち》	北大西洋沿岸《きたたいせいようえんがん》
食《た》べ物《もの》	魚《さかな》
分類《ぶんるい》	鳥類《ちょうるい》

海《うみ》にもぐって魚《さかな》をつかまえていた飛《と》べない鳥《とり》。陸上《りくじょう》では動《うご》きがにぶく、人間《にんげん》にかんたんにつかまえられたために、だんだん北《きた》の海《うみ》へと追《お》いやられてしまった。ところが、最後《さいご》にたどりついたアイスランドの島《しま》が海底火山《かいていかざん》の噴火《ふんか》により海《うみ》に沈《しず》んでしまう。なんとか島《しま》からにげ出《だ》したものが近《ちか》くの岩場《いわば》で50羽ほど生《い》き残《のこ》ったが、各地《かくち》の博物館《はくぶつかん》が標本《ひょうほん》を手《て》に入《い》れるために、狩《か》りつくしてしまった。

先カンブリア時代	古生代						中生代			新生代		
	カンブリア紀	オルドビス紀	シルル紀	デボン紀	石炭紀	ペルム紀	三畳紀	ジュラ紀	白亜紀	古第三紀	新第三紀	第四紀《だいよんき》

川《かわ》がにごって絶《ぜつ》滅《めつ》

ヨウスコウカワイルカさん

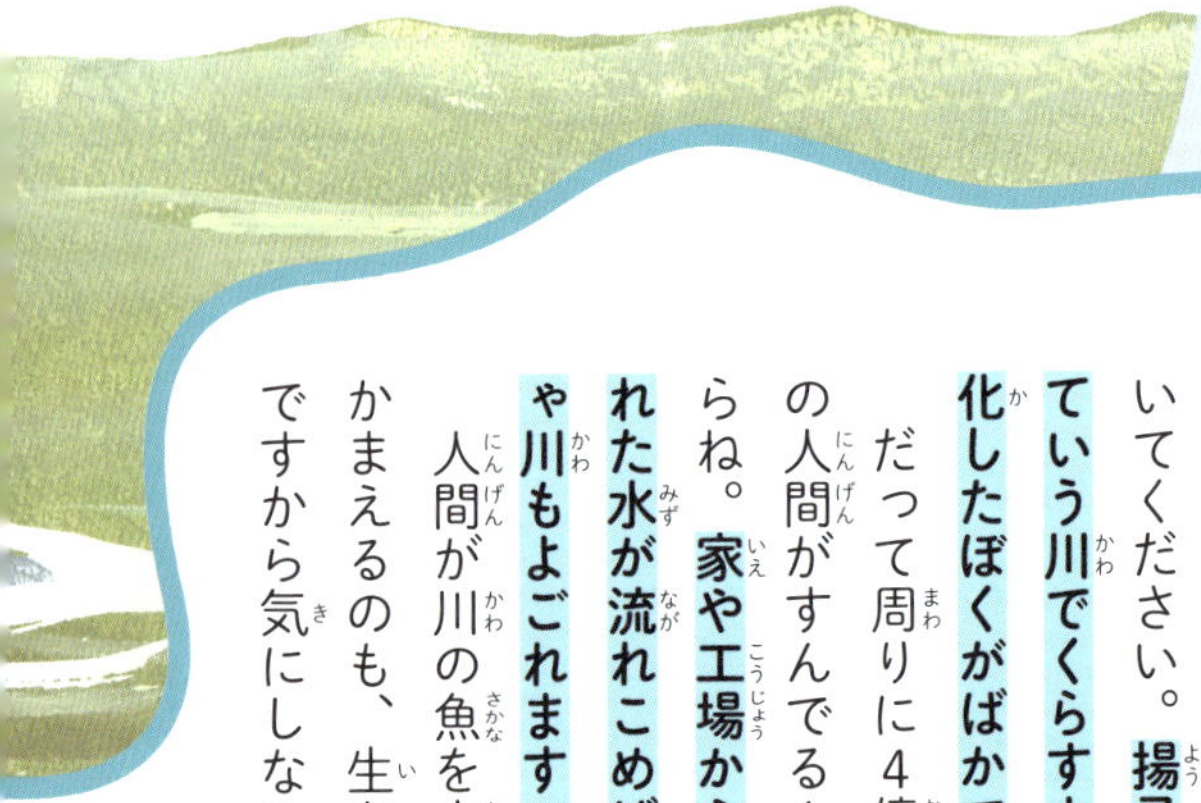

もーいいんです、ぼくのことなんてほっといてください。**揚子江《ようすこう》なんていう川《かわ》でくらすように進《しん》化《か》したぼくがばかでした。**

だって周《まわ》りに4億人《おくにん》以上《いじょう》の人間《にんげん》がすんでるんですからね。**家《いえ》や工場《こうじょう》から捨《す》てられた水《みず》が流《なが》れこめば、そりゃ川《かわ》もよごれますって。**

人間《にんげん》が川《かわ》の魚《さかな》を大量《たいりょう》につかまえるのも、生《い》きるためですから気《き》にしないでください。**まあ、そのおかげでぼくらはえものがとれなくなったんですけど。**

ほかにも水力発電《すいりょくはつでん》のダムがつくられてなかまと連絡《れんらく》とれなくなったり、森《もり》の木《き》が切《き》られて土砂《どしゃ》が川《かわ》に流《なが》れこんだりしましたけど、べつにいいですよ。どーせ絶《ぜつ》滅《めつ》しちゃったんですから。

あーあ、**2000万年《まんねん》もこの川《かわ》でくらしてきたんだけどなあ。**失敗《しっぱい》だったなあ。

口《くち》を開《あ》けたら歯《は》が200本《ぽん》
あきらめモード

こうすりゃよかった
川《かわ》になんて行《い》かずに
海《うみ》に残《のこ》っていれば
よかったなぁ

絶滅年代《ぜつめつねんだい》	21世紀《せいき》
大《おお》きさ	体長《たいちょう》2.5m
生息地《せいそくち》	中国《ちゅうごく》の揚子江《ようすこう》
食《た》べ物《もの》	魚《さかな》やエビなど
分類《ぶんるい》	ほ乳類《にゅうるい》

イルカの生息地《せいそくち》はふつう海《うみ》だが、ヨウスコウカワイルカは「揚子江《ようすこう》」という中国最大《ちゅうごくさいだい》の川《かわ》に生息《せいそく》していた。揚子江《ようすこう》の水《みず》はにごっていたため、かれらの目《め》は小《ち い》さく退化《たいか》し、かわりに超音波《ちょうおんぱ》によってものの距離《きょり》や方向《ほうこう》、大《おお》きさなどを知《し》る「エコーロケーション」に頼《たよ》りきっていたようだ。ほかにも、よく動《うご》く首《くび》や大《おお》きい胸《むな》ビレなどをもち、川底《かわぞこ》の障害物《しょうがいぶつ》をよけるのに適《てき》した進化《しんか》をしていたが、人間《にんげん》による環境破壊《かんきょうはかい》が進《すす》み、すでに絶滅《ぜつめつ》してしまった可能性《かのうせい》が高《たか》そうだ。

先カンブリア時代	古生代						中生代			新生代		
	カンブリア紀	オルドビス紀	シルル紀	デボン紀	石炭紀	ペルム紀	三畳紀	ジュラ紀	白亜紀	古第三紀	新第三紀《しんだいさんき》	第四紀《だいよんき》

カタツムリの紛争《ふんそう》で絶滅《ぜつめつ》

ガ ハッ……ア、アニキ、おれぁもうダメみたいです……。楽《たの》しかったなあ、おれらしか島《しま》にいなかったころは。**あんときは、まさかアフリカマイマイにシマを横取《よこど》りされるたぁ、考《かんが》えもしやせんでした。**

あいつら……メチャクチャやりやがって。もともと

ポリネシアマイマイさん

は島《しま》の人間《にんげん》に食用《しょくよう》で飼《か》われてたのに、**にげ出《だ》して野生化《やせいか》するだけでは飽《あ》きたらず、人間《にんげん》の農作物《のうさくぶつ》まで食《く》いあらす**たぁ不届《ふとど》き千万《せんばん》！

人間《にんげん》どもが怒《おこ》って、天敵《てんてき》のヤマヒタチオビを連《つ》れてきたときは「ざまあみやがれ」って思《おも》いやしたよ。

だのに……だのによう！

ヤマヒタチオビのやつら、アフリカマイマイじゃなくて、おれたちばっか食《く》いやがって！なんにも関係《かんけい》ないのに、ひどすぎますよ！

なんとか言《い》ってくださいよ、アニキ！

こうすりゃよかった

やつらからにげきる
足《あし》の速《はや》さがありゃ
よかったんですかね？

絶滅年代《ぜつめつねんだい》	20世紀《せいき》
大《おお》きさ	殻《から》の長《なが》さ1～2cm
生息地《せいそくち》	フランス領《りょう》ポリネシア
食《た》べ物《もの》	植物《しょくぶつ》
分類《ぶんるい》	腹足類《ふくそくるい》

じつは、カタツムリはひじょうに種類《しゅるい》が多《おお》い。動《うご》きがのろく、行動範囲《こうどうはんい》がせまいので、地域《ちいき》ごとにべつの種《しゅ》に分《わ》かれやすいのだ。ポリネシアマイマイは、フランス領《りょう》ポリネシアの島々《しまじま》にもともとすんでいたカタツムリ。ところが、人間《にんげん》が連《つ》れてきたアフリカマイマイが増《ふ》えすぎて、それを駆除《くじょ》するために放《はな》たれたヤマヒタチオビにおそわれ、60種《しゅ》もいたなかまのほとんどが絶滅《ぜつめつ》してしまった。

先カンブリア時代	古生代					中生代			新生代		
	カンブリア紀	オルドビス紀	シルル紀	デボン紀	石炭紀	ペルム紀	三畳紀	ジュラ紀	白亜紀	古第三紀	新第三紀	第四紀《だいよんき》

マグマ地《じ》獄《ごく》で絶《ぜつ》滅《めつ》

ウミサソリさん

お主《ぬし》らは2億《おく》5000万年前《まんねんまえ》に起《お》きたマグマの大噴出《だいふんしゅつ》を知《し》らんじゃろう。「スーパープルーム」なんて必殺技《ひっさつわざ》みたいな名前《なまえ》でよばれておるが、ありゃ地獄《じごく》じゃった。

ある日《ひ》、とつぜん海《うみ》の底《そこ》がさけたと思《おも》ったら、巨大《きょだい》なマグマのかたまりがふき出《だ》した。溶岩《ようがん》なんてなまぬるいもんじゃない。**地球《ちきゅう》の中身《なかみ》が飛《と》び出《だ》したのかと思《おも》うほどの勢《いきお》いで、地上《ちじょう》までふき上《あ》げたんじゃ。**

さらに、マグマといっしょにふき出《だ》した二酸化炭素《にさんかたんそ》のせいで、地球全体《ちきゅうぜんたい》が暑《あつ》くなった。**おまけに酸素《さんそ》までうすくなって、みんな息《いき》が苦《くる》しくなってしもうた。**

後《あと》で知《し》ったことじゃが、この大噴出《だいふんしゅつ》によって、**当時《とうじ》いた海洋生物《かいようせいぶつ》の96%の種《しゅ》が死《し》にたえたという。**当然《とうぜん》わしも、のがれられんかった。**人間《にんげん》の文明《ぶんめい》とて、同《おな》じことよ。**ひとたびマグマがふけば、かんたんにぬりつぶされてしまう。キャンバスにえがかれた油絵《あぶらえ》のようなものじゃて。

死《し》ぬときは
みんな死《し》ぬのじゃ
こうすりゃよかった

絶滅年代《ぜつめつねんだい》	ペルム紀末《きまつ》
大《おお》きさ	体長《たいちょう》5~250cm
生息地《せいそくち》	世界中《せかいじゅう》の海《うみ》や川《かわ》
食《た》べ物《もの》	三葉虫《さんようちゅう》や魚《さかな》など
分類《ぶんるい》	鋏角類《きょうかくるい》

古生代前半《こせいだいぜんはん》の海《うみ》で、まさに敵《てき》なしで栄《さか》えたのが、ウミサソリのなかまだ。ところが、古生代中期《こせいだいちゅうき》のデボン紀《き》になると、「大型《おおがた》で肉食《にくしょく》の魚類《ぎょるい》」という強敵《きょうてき》があらわれる。これでウミサソリの天下《てんか》は終《お》わり、それにともなって体《からだ》の小《ちい》さいものばかりになっていく。そして、ペルム紀末《きまつ》に起《お》きた「スーパープルーム」によるマグマの噴出《ふんしゅつ》にとどめをさされる形《かたち》で絶滅《ぜつめつ》してしまったのだ。

先カンブリア時代	古生代						中生代			新生代		
	カンブリア紀	オルドビス紀《おるどびすき》	シルル紀《しるるき》	デボン紀《でぼんき》	石炭紀《せきたんき》	ペルム紀《ぺるむき》	三畳紀	ジュラ紀	白亜紀	古第三紀	新第三紀	第四紀

エベレストが高《たか》くなって絶《ぜつ》滅《めつ》

アンドリューサルクスさん

同情《どうじょう》するならえものをくれ

ぶえくしょーい、くしやみが止《と》まんねぇぜこんちきしょう！ **エベレストって8848mもあんだってな。**寒《さむ》くて鼻《はな》水《みず》も出《で》るってもんよ。

でもおいらがくらしてた時《じ》代《だい》は、こんなに高《たか》くなかったんだぜ。そのころおいらは、水《みず》辺《べ》でカメとか貝《かい》とか動《どう》物《ぶつ》の死《し》体《たい》とか食《く》ってたんでえ。

え？ 食《く》いもんが地《じ》味《み》だあ？ てやんでぇべらぼうめっ！ 体《たい》長《ちょう》4m、頭《あたま》の長《なが》さ85cm、地《ち》上《じょう》最《さい》大《だい》の肉《にく》食《しょく》獣《じゅう》たぁ、おいらのことよ。**クマの体《からだ》にワニの頭《あたま》がついてるようなもんでい。**まいったかこのやろう。

でも3400万《まん》年《ねん》前《まえ》から、エベレストがぐんぐん高《たか》くなって。**そのせいでおいらがすんでた場《ば》所《しょ》は寒《さむ》くなるわ、えものはいなくなるわで、大《だい》迷《めい》惑《わく》よ。**でけぇ体《からだ》で動《うご》きもにぶいし、そのままおだぶつだよバーロー。

こうすりゃよかった
もっとちっこい体《からだ》なら
ほかの動《どう》物《ぶつ》も
つかまえられたかもな

絶滅年代《ぜつめつねんだい》	古第三紀《こだいさんき》（始新世後期《ししんせいこうき》）
大《おお》きさ	体長《たいちょう》4m
生息地《せいそくち》	モンゴル
食《た》べ物《もの》	動物《どうぶつ》の死体《したい》など
分類《ぶんるい》	ほ乳類《にゅうるい》

アンドリューサルクスの化石《かせき》は、頭《あたま》の骨《ほね》しか見《み》つかっていないが、長《なが》さ85cmもあり、地上最大《ちじょうさいだい》の肉食獣《にくしょくじゅう》と考《かんが》えられている。ワニのようにあたたかい水辺《みずべ》でくらしていたようだ。ところが、インド亜《あ》大陸《たいりく》がユーラシア大陸《たいりく》にぶつかったことにより、陸地《りくち》がおし上《あ》げられてエベレストをふくむヒマラヤ山脈《さんみゃく》ができた。すると、かれらの生息地《せいそくち》が急激《きゅうげき》に寒《さむ》くなって乾燥《かんそう》し、ほろびてしまったのだろう。

先カンブリア時代	古生代						中生代			新生代		
	カンブリア紀	オルドビス紀	シルル紀	デボン紀	石炭紀	ペルム紀	三畳紀	ジュラ紀	白亜紀	古第三紀《こだいさんき》	新第三紀	第四紀

寒《さむ》さからのがれられなくて絶《ぜつ》滅《めつ》

え

—……今《いま》、魚《さかな》が目《め》の前《まえ》を通《とお》りすぎていったわけですけれども。**寒《さむ》さで体《からだ》が思《おも》うように動《うご》かない**というのは……予《よ》想《そう》外《がい》でした、はい。

　口《くち》を細《ほそ》長《なが》くして、水《すい》中《ちゅう》で魚《さかな》をつかまえやすくなったのまでは成《せい》功《こう》……だと思《おも》うのですが。

　すむ場《ば》所《しょ》をまちがえたというか、**考《かんが》えなく南《みなみ》から移《い》動《どう》してきたのが、まずかったのかなと。**

　わたしは……、もともとアジア大《たい》陸《りく》にいたのですが、**氷《ひょう》期《き》に陸《りく》地《ち》がつながったときに日《に》本《ほん》に迷《まよ》いこみまして。**寒《さむ》い氷《ひょう》期《き》は海《かい》水《すい》面《めん》が下《さ》がって、日《に》本《ほん》と韓《かん》国《こく》、ロシアなどが地《じ》続《つづ》きになるので海《うみ》沿《ぞ》いに歩《ある》いてこれたわけです。

　ところが**日《に》本《ほん》の奥《おく》のほうまで入《はい》りすぎまして……。**気《き》づいたら、アジア大《たい》陸《りく》にもどれなくなっていました。

　さらに寒《さむ》さで動《うご》きがにぶり、えものの魚《さかな》もつかまえられなくなって、ついに絶《ぜつ》滅《めつ》したわけです、はい。

4

不運《ふうん》にも、絶滅《ぜつめつ》

マチカネワニさん

あ～あ
わかっちゃいるけどつかまらない

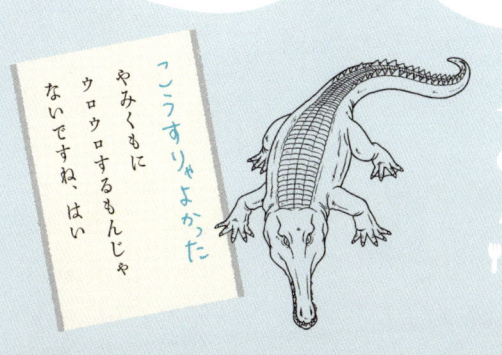

こうすりゃよかった
やみくもに
ウロウロするもんじゃ
ないですね、はい

絶滅年代《ぜつめつねんだい》	第四紀《だいよんき》（更新世中期《こうしんせいちゅうき》）
大《おお》きさ	全長《ぜんちょう》7m
生息地《せいそくち》	日本《にほん》
食《た》べ物《もの》	魚《さかな》
分類《ぶんるい》	は虫類《ちゅうるい》

大阪《おおさか》の「待兼山《まちかねやま》」で化石《かせき》が発見《はっけん》された大型《おおがた》のワニ。現生《げんせい》で最大《さいだい》のワニであるイリエワニよりも大《おお》きく、細長《ほそなが》い口《くち》をふり回《まわ》して魚《さかな》をつかまえていたようだ。海水面《かいすいめん》が下《さ》がった氷期《ひょうき》に日本《にほん》にやってきて、あたたかくなると日本列島《にほんれっとう》の奥深《おくふか》くに入《はい》りこんでいった。そのため、再《ふたた》び氷期《ひょうき》になっても大陸《たいりく》にはもどれず、寒《さむ》さで動《うご》きがにぶり、魚《さかな》がとれずにほろびてしまったのだろう。

先カンブリア時代	古生代						中生代			新生代		
	カンブリア紀	オルドビス紀	シルル紀	デボン紀	石炭紀	ペルム紀	三畳紀	ジュラ紀	白亜紀	古第三紀	新第三紀	第四紀《だいよんき》

水《みず》がお湯《ゆ》になって絶《ぜつ》滅《めつ》

ツ

しゃああオラぁぁあッ！ ガンつけてんじゃねぇぞオラぁッ！ んだコラッ？ お？ 小《ちい》さいからってナメんなよコラッ？ **おれはこの体《からだ》で3億《おく》年《ねん》以《い》上《じょう》生《い》きてきたんだぞ！** 地《ち》球《きゅう》の生《い》き物《もの》がほとんどほろんだ大《だい》絶《ぜつ》滅《めつ》だって、3回《かい》ものりきったんだからな。あ？ **おまえ、今《いま》「でもど**

うせ4回目《かいめ》で絶滅《ぜつめつ》したんでしょ」って顔《かお》したな？

ならおまえ、2億年前《おくねんまえ》の時代《じだい》、生《い》きてみ？ **大陸《たいりく》がわれて、そこらじゅうからマグマがふき出《だ》してきた時《じ》代《だい》**、生《い》きてみ？

気温《きおん》が爆上《ばくあ》がりして、水《すい》温《おん》も上昇《じょうしょう》。おまけにマグマといっしょに出《で》たガスやらのせいで、水中《すいちゅう》の酸素《さんそ》までなくなったんだかんな!?

これで絶滅《ぜつめつ》しないとか無《む》理《り》だろ。

マジゆるさねぇかんな火《か》山《ざん》のやろう、息《いき》できなくなったじゃねぇか、お？

こうすりゃよかった
ドジョウみたいに地上《ちじょう》の空気《くうき》を吸《す》えるようにカスタムしときゃよかった

コノドント動物《どうぶつ》さん

絶滅年代《ぜつめつねんだい》	三畳紀末《さんじょうきまつ》
大《おお》きさ	3～20cm
生息地《せいそくち》	世界中《せかいじゅう》の海《うみ》
食《た》べ物《もの》	プランクトンなど
分類《ぶんるい》	コノドント類《るい》

じつは「コノドント」というのは、動物《どうぶつ》の名前《なまえ》ではなく「歯《は》の化石《かせき》」の名前《なまえ》。コノドントは長《なが》さ1mm以下《いか》のとても小《ち》さな化石《かせき》で、3億年《おくねん》にわたる地層《ちそう》（カンブリア紀《き》から三畳紀《さんじょうき》まで）から見《み》つかっている。ところが、この化石《かせき》がいったいなんの動物《どうぶつ》のものなのか、19世紀《せいき》に発見《はっけん》されてから100年以《ねんい》上《じょう》もわからないままだった。しかし1983年《ねん》に、ようやく体《からだ》のやわらかい部分《ぶぶん》が残《のこ》った化石《かせき》が発掘《はっくつ》され、コノドントの正体《しょうたい》が細長《ほそなが》いドジョウのような動物《どうぶつ》の歯《は》だとわかったのだ。

先カンブリア時代	古生代						中生代			新生代		
	カンブリア紀《かんぶりあき》	オルドビス紀《おるどびすき》	シルル紀《しるるき》	デボン紀《でぼんき》	石炭紀《せきたんき》	ペルム紀《ぺるむき》	三畳紀《さんじょうき》	ジュラ紀	白亜紀	古第三紀	新第三紀	第四紀

ケナガマンモスさん

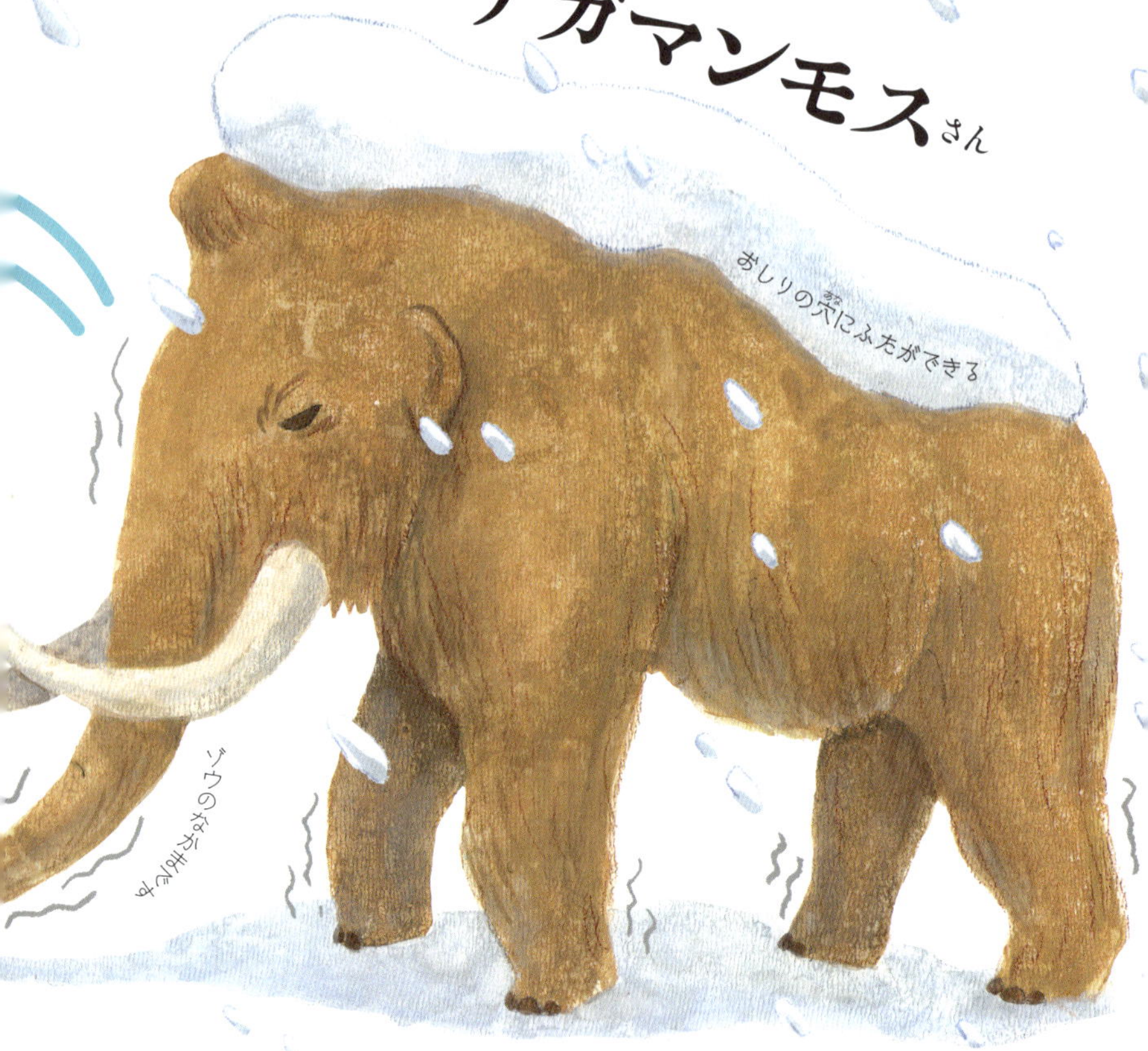
おしりの穴《あな》にふたができる
ゾウのなかまです

雪《ゆき》が降《ふ》って
絶《ぜつ》滅《めつ》

もう真《ま》っ白《しろ》だよ……。

雪《ゆき》がすごいの。

ぼくらマンモスは、全身《ぜんしん》が長《なが》い毛《け》でおおわれていて、寒《さむ》さにとっても強《つよ》いの。体《からだ》の熱《ねつ》をにがさないように、**おしりの穴《あな》にふたまでついてる。**

でもだんだん地球《ちきゅう》があたたかくなってきて、世界中《せかいじゅう》の氷《こおり》がいっせいにとけはじめたの。

そしたらね、地球《ちきゅう》の湿度《しつど》が上《あ》がって大《おお》きな雲《くも》ができて、ぼくらがすんでたシベリアにものすごい量《りょう》の雪《ゆき》を降《ふ》らしはじめたんだ。

雪《ゆき》が冷《つめ》たいのはべつにいいんだけど、問題《もんだい》は草《くさ》のほうさ。1年《ねん》の半分近《はんぶんちか》くも雪《ゆき》が地面《じめん》をおおうようになって、ぼくのごはんの草《くさ》が育《そだ》たなくなっちゃった！

ぼくは体《からだ》も大《おお》きいし、これっぽっちじゃぜんぜんたりないよ〜。

こうすりゃよかった
毛《け》をぬぎ捨《す》てて
南《みなみ》に移動《いどう》すれば
よかったなぁ

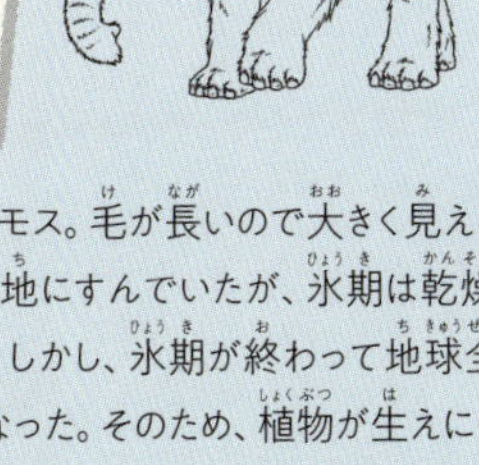

絶滅年代《ぜつめつねんだい》	第四紀《だいよんき》（完新世《かんしんせい》）
大《おお》きさ	肩《かた》までの高《たか》さ3.2m
生息地《せいそくち》	北《きた》アメリカ、ロシア
食《た》べ物《もの》	草《くさ》や木《き》の葉《は》
分類《ぶんるい》	ほ乳類《にゅうるい》

もっとも有名《ゆうめい》なマンモス。毛《け》が長《なが》いので大《おお》きく見《み》えるが、アジアゾウと同《おな》じくらいの大《おお》きさだった。北極周辺《ほっきょくしゅうへん》の寒《さむ》い土地《とち》にすんでいたが、氷期《ひょうき》は乾燥《かんそう》していたため雪《ゆき》はあまり降《ふ》らず、寒《さむ》さに強《つよ》い植物《しょくぶつ》を食《た》べていた。しかし、氷期《ひょうき》が終《お》わって地球全体《ちきゅうぜんたい》の温度《おんど》が上《あ》がると湿度《しつど》が高《たか》くなり、寒《さむ》い地域《ちいき》では雪《ゆき》が多《おお》くなった。そのため、植物《しょくぶつ》が生《は》えにくくなり、食料不足《しょくりょうぶそく》でほろびてしまったようだ。

先カンブリア時代	古生代						中生代			新生代		
	カンブリア紀	オルドビス紀	シルル紀	デボン紀	石炭紀	ペルム紀	三畳紀	ジュラ紀	白亜紀	古第三紀	新第三紀	第四紀《だいよんき》

ハリケーンに飛《と》ばされて
絶《ぜつ》滅《めつ》

あっ、聞《き》こえますでしょうか！ こちらキューバにあるサパタ湿地《しっち》です。**1時間《じかん》ほど前《まえ》から大型《おおがた》のハリケーンが上陸《じょうりく》しております！**

ものすごい強風《きょうふう》です！ わたしの横《よこ》に見《み》えるのがマングローブの木《き》なのですが、**ガンガンなぎたおされております！**

えー、ここにはわたしたちミイロコンゴウインコの巣《す》もあります。もともとは島全体《しまぜんたい》にすんでいましたが、人間《にんげん》が森《もり》をどんどん畑《はたけ》にかえてしまったんです。

それで、わずかに残《のこ》っていた海沿《うみぞ》いのマングローブ林《りん》に、みんなで避難《ひなん》したんですね。

あっ、今《いま》またマングローブの木《き》が1本《ぽん》飛《と》ばされていきました！ **これまで4度《ど》にわたるハリケーンで、林《はやし》はもはや壊滅状態《かいめつじょうたい》です！**

以上《いじょう》、サパタ湿地《しっち》からお送《おく》りしました。

ミイロコンゴウインコさん

こうすりゃよかった
いっそのこと
べつの島《しま》にうつりすめば
よかったかもしれません

絶滅年代《ぜつめつねんだい》	1885年《ねん》
大《おお》きさ	全長《ぜんちょう》50cm
生息地《せいそくち》	キューバ
食《た》べ物《もの》	木《き》の実《み》
分類《ぶんるい》	鳥類《ちょうるい》

コンゴウインコは太《ふと》い木《き》の幹《みき》にあいた穴《あな》(樹洞《じゅどう》)で卵《たまご》をうむため、大木《たいぼく》のある森《もり》がなければ生《い》きていけない。しかし、人間《にんげん》たちはキューバの森林《しんりん》をつぎつぎに切《き》り開《ひら》いて、畑《はたけ》にかえていった。そのため、かれらの生息地《せいそくち》はせばめられ、畑《はたけ》にならない海岸沿《かいがんぞ》いのマングローブ林《りん》でのみくらすようになったのだ。ところが、続《つづ》けざまに大型《おおがた》のハリケーンがおそってきたことから、その最後《さいご》の生息地《せいそくち》が破壊《はかい》され、かれらは絶滅《ぜつめつ》してしまった。

先カンブリア時代	古生代						中生代			新生代		
	カンブリア紀	オルドビス紀	シルル紀	デボン紀	石炭紀	ペルム紀	三畳紀	ジュラ紀	白亜紀	古第三紀	新第三紀	第四紀《だいよんき》

ワライフクロウさん

笑《わら》いすぎて絶《ぜつ》滅《めつ》

吾《わが》輩《はい》は、ワライフクロウ。**名前《なまえ》のとおり、笑《わら》うように鳴《な》くことがアイデンティティーである。**

あるとき、吾輩《わがはい》たちがくらすニュージーランドに、人間《にんげん》たちがやってきた。そのころ吾輩《わがはい》は、**森《もり》の中《なか》でとにかく笑《わら》いまくっていた。**

人間《にんげん》たちは、狩《か》りを楽《たの》しむためにウサギを野《の》に放《はな》った。ところが、やつらは人《にん》

かつては夜《よる》の王《おう》者《じゃ》だった

間《げん》の想像《そうぞう》をこえて大繁殖《だいはんしょく》し、無邪気《むじゃき》に作物《さくもつ》を食《く》いあらしたのだ。**吾輩《わがはい》は、ばかな人《にん》間《げん》を笑《わら》った。**

しかし人間《にんげん》とてだまってはいない。今度《こんど》はウサギの天《てん》敵《てき》のイタチを放《はな》ったのだ。

ねらいどおり、イタチはウサギを食《た》べた。**だがそれ以上《いじょう》に吾輩《わがはい》たちを食《た》べた。**クセのある笑《わら》い声《ごえ》のせいで、居場所《いばしょ》がわかりやすすぎたのかもしれない。

でも、これで笑《わら》うのをやめては、ワライフクロウの名《な》がすたる。吾輩《わがはい》は覚悟《かくご》を決《き》めて笑《わら》い続《つづ》け、ほろんだ。

こうすりゃよかった

笑《わら》わずにちがう場所《ばしょ》ににげればよかった（笑《わらい》）

笑《わら》い声《ごえ》のようなかわった鳴《な》き声《ごえ》をもつワライフクロウは、ニュージーランド最大《さいだい》のフクロウで、夜《よる》の森《もり》では無敵《むてき》の存在《そんざい》だった。ニュージーランドにはもともとコウモリ以外《いがい》のほ乳類《にゅうるい》がいなかったが、人間《にんげん》がもちこんだウサギが大繁殖《だいはんしょく》してしまう。そのウサギを退治《たいじ》するために放《はな》たれたイタチやオコジョに、ワライフクロウがえものにしていた鳥《とり》やトカゲ、そしてワライフクロウ自身《じしん》も食《た》べられてしまい、100年《ねん》もたたずに絶滅《ぜつめつ》してしまったようだ。

絶滅年代《ぜつめつねんだい》	1914年《ねん》
大《おお》きさ	全長《ぜんちょう》40cm
生息地《せいそくち》	ニュージーランド
食《た》べ物《もの》	鳥《とり》やトカゲ
分類《ぶんるい》	鳥類《ちょうるい》

先カンブリア時代	古生代						中生代			新生代		
	カンブリア紀	オルドビス紀	シルル紀	デボン紀	石炭紀	ペルム紀	三畳紀	ジュラ紀	白亜紀	古第三紀	新第三紀	第四紀《だいよんき》

三葉虫《さんようちゅう》さん

魚《さかな》にねらわれて絶滅《ぜつめつ》

魚《さかな》のアゴに完敗《かんぱい》……！

戦《たたか》え！ 三葉虫戦隊《さんようちゅうせんたい》

第《だい》1話《わ》「三葉虫戦隊《さんようちゅうせんたい》、登場《とうじょう》」

A わたしはテラタスピス！ 大《おお》きな体《からだ》と鉄壁《てっぺき》の守《まも》りをあわせもつ、三葉虫《さんようちゅう》の英《ヒー》雄《ロー》！

B おいらはエオハルペス！ 水《みず》から食料《しょくりょう》をこしとる職人《エキスパート》！

C ぼくはコワレウスキー！ 砂《すな》から出《だ》した長《なが》い目《め》で周《まわ》りを見回《みまわ》す忍者《アサシン》！

D あたいはキルトメトプス！ 敵《てき》をトゲで返《かえ》りうちにする復讐者《アベンジャー》！

A さまざまな進化《しんか》をとげ、2度《ど》にわたる大絶滅《だいぜつめつ》の危《き》機《き》をのりこえてきた……、われら三葉虫戦隊《さんようちゅうせんたい》！

（……決《き》まったッ！）

B 隊長《たいちょう》！

A どうした!?

C 魚《さかな》にねらわれています！

A そうか……。われわれはもうおしまいだ！

BCD え!?

A 魚《さかな》には勝《か》てん！ それが三葉虫《さんようちゅう》の限界《げんかい》！ みんな、あの世《よ》で会《あ》おう！

BCD 隊長《たいちょう》おおおッ！

こうすりゃよかった

なにをしても
魚《さかな》には食《た》べられてしまう
われわれであった

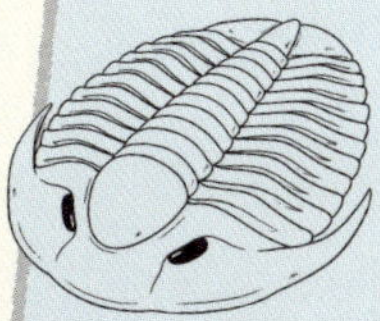

絶滅年代《ぜつめつねんだい》	ペルム紀末《きまつ》
大《おお》きさ	体長《たいちょう》1~60cm
生息地《せいそくち》	世界中《せかいじゅう》の海《うみ》
食《た》べ物《もの》	動物《どうぶつ》の死体《したい》など
分類《ぶんるい》	三葉虫類《さんようちゅうるい》

カンブリア時代《じだい》にあらわれた三葉虫類《さんようちゅうるい》は、もっとも早《はや》い時期《じき》に「目《め》」と「硬《かた》い体《からだ》」を手《て》に入《い》れたことで大繁栄《だいはんえい》した。ところが、デボン紀《き》になると魚類《ぎょるい》が進化《しんか》してきて、三葉虫《さんようちゅう》の硬《かた》い体《からだ》をものともせずに食《た》べまくった。その結果《けっか》、石炭紀《せきたんき》には三葉虫《さんようちゅう》の種数《しゅすう》が激減《げきげん》してしまい、わずかな生《い》き残《のこ》りもペルム紀末《きまつ》の大絶滅《だいぜつめつ》でほろびてしまったのだ。

先カンブリア時代	古生代						中生代			新生代		
	カンブリア紀《かんぶりあき》	オルドビス紀《おるどびすき》	シルル紀《しるるき》	デボン紀《でぼんき》	石炭紀《せきたんき》	ペルム紀《ぺるむき》	三畳紀	ジュラ紀	白亜紀	古第三紀	新第三紀	第四紀

アルシノイテリウムさん

砂《さ》漠《ばく》に取《と》り残《のこ》されて絶《ぜつ》滅《めつ》

はあ、ただ草《くさ》を食《た》べていたあのころにもどりたい。

ほら、ボクの2本《ほん》の角《つの》、とっても大《おお》きいでしょ？ **でも、本当《ほんとう》は中身《なかみ》はからっぽなんだ。** 中身《なかみ》なんてどうでもいい、とにかく大《おお》きければ。当時《とうじ》のボクらはそう思《おも》ってたんだ。

すべてはメスにモテるため。 この角《つの》をふり回《まわ》して、ほかのオスと戦《たたか》いに明《あ》けくれる日々《ひび》。それが正《ただ》しいと信《しん》じてた。

だけどそんなことしてる場合《ばあい》じゃなかった。 ボクらが戦《たたか》いに夢中《むちゅう》になってるうちに、どんどん気候《きこう》が乾燥《かんそう》していった。水辺《みずべ》がじわじわせまくなっていき、かわりに砂漠《さばく》が広《ひろ》がった。

気《き》づいたときには、砂漠《さばく》の真《ま》ん中《なか》に取《と》り残《のこ》されていたってわけさ。

草《くさ》が食《た》べられないボクの心《こころ》はむなしさでいっぱい。そしておなかはからっぽさ。そう、まるでボクの角《つの》と同《おな》じ。

ああ、どうして、本当《ほんとう》に大切《たいせつ》なものは、なくなってから気《き》がつくんだろう？

こうすりゃよかった

広《ひろ》い範囲《はんい》にすんでいれば取《と》り残《のこ》されずにすんだのかな

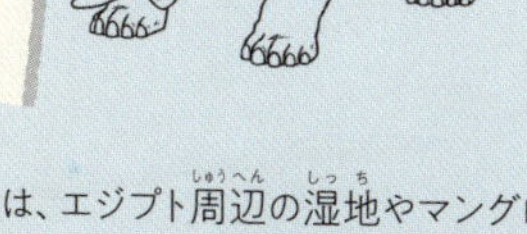

絶滅年代《ぜつめつねんだい》	古第三紀《こだいさんき》(漸新世前期《ぜんしんせいぜんき》)
大《おお》きさ	肩《かた》までの高《たか》さ1.8m
生息地《せいそくち》	北《きた》アフリカ、アラビア半島《はんとう》
食《た》べ物《もの》	草《くさ》
分類《ぶんるい》	ほ乳類《にゅうるい》

アルシノイテリウムは、エジプト周辺《しゅうへん》の湿地《しっち》やマングローブ林《りん》でくらしていた。ところが、気候《きこう》がかわって乾燥《かんそう》が進《すす》み、だんだんと砂漠化《さばくか》していく。さらにこの時期《じき》に、アフリカとアラビア半島《はんとう》のあいだに紅海《こうかい》が入《はい》りこみ、すみかが分断《ぶんだん》されてしまった。その結果《けっか》、砂漠《さばく》に取《と》り残《のこ》されたかれらは、大《おお》きな体《からだ》を維持《いじ》するための充分《じゅうぶん》な草《くさ》を食《た》べられなくなり、絶滅《ぜつめつ》してしまったのだろう。

先カンブリア時代	古生代						中生代			新生代		
	カンブリア紀	オルドビス紀	シルル紀	デボン紀	石炭紀	ペルム紀	三畳紀	ジュラ紀	白亜紀	古第三紀《こだいさんき》	新第三紀	第四紀

好《こう》奇《き》心《しん》で食《た》べられて絶《ぜつ》滅《めつ》

グアムオオコウモリさん

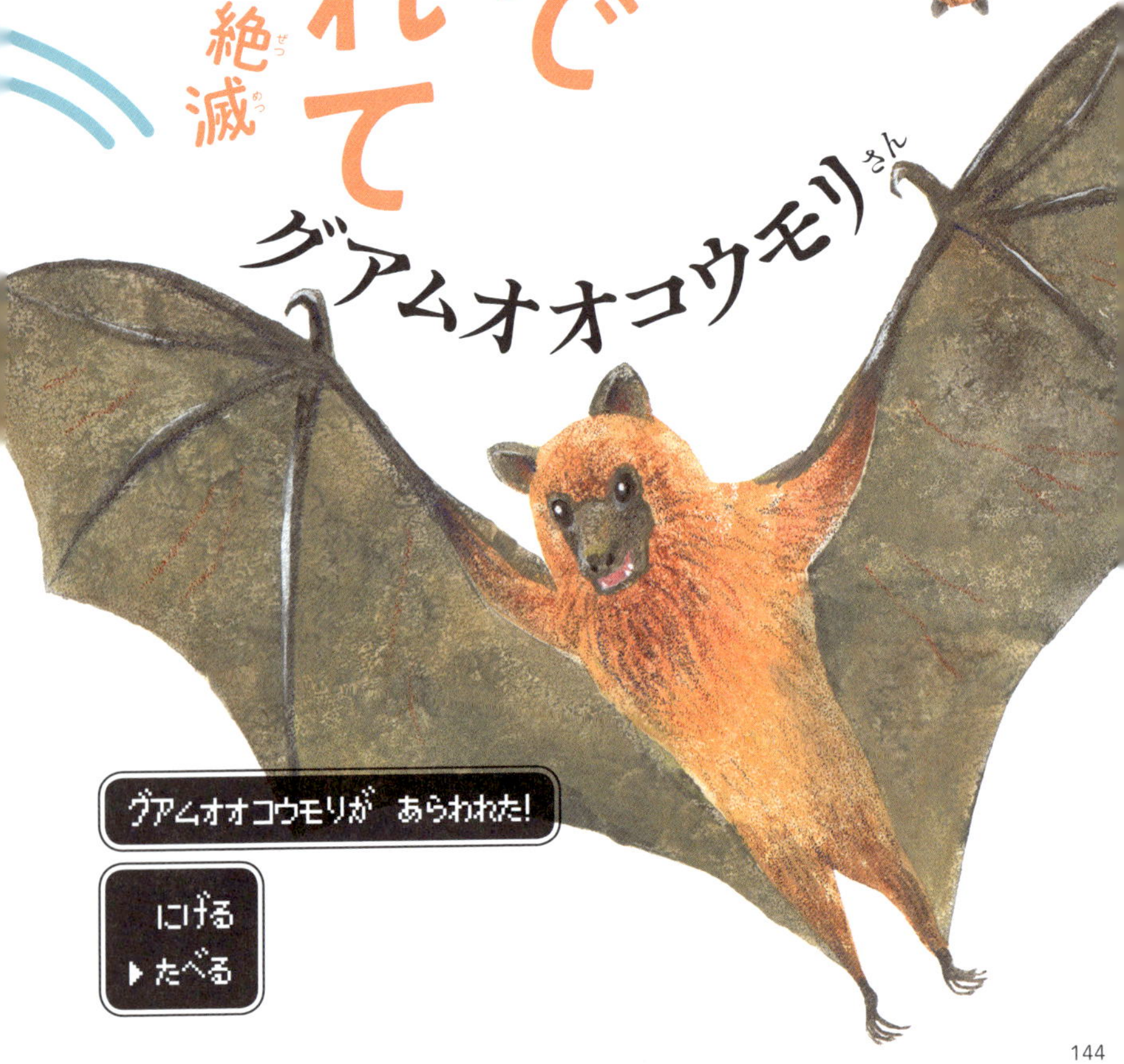

グアムオオコウモリが　あらわれた!

にげる
▶たべる

グアムオオコウモリは▼苦《くる》しんでいる。

「ぐふっ……▼もはや▼これまでか……。わたしが▼人間《にんげん》ごときに▼ほろぼされるとは……！」

グアムオオコウモリは▼いかりでふるえている。

「われわれは▼この小《ちい》さな島《しま》で▼果物《くだもの》を食《た》べながら▼平和《へいわ》にくらしていたのに。70年前《ねんまえ》▼おまえたちがいきなりやってきて▼島《しま》をリゾート地《ち》に▼つくりかえたのだ！」

グアムオオコウモリは▼悲《かな》しそうな顔《かお》をしている。

「それから▼大量《たいりょう》の人間《にんげん》がやってきて▼われわれを勝《か》手《て》に▼名物料理《めいぶつりょうり》にして▼食《く》いつくした。このうらみ▼死《し》んでも忘《わす》れぬぞ……！」

グアムオオコウモリは▼くだけちった

こうすりゃよかった

人間《にんげん》に見《み》つからぬようにくらせばよかった

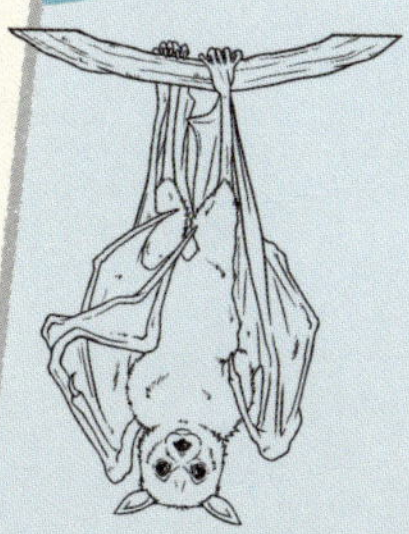

絶滅年代《ぜつめつねんだい》	1968年《ねん》
大《おお》きさ	体長《たいちょう》15cm
生息地《せいそくち》	グアム島《とう》
食《た》べ物《もの》	果実《かじつ》
分類《ぶんるい》	ほ乳類《にゅうるい》

オオコウモリはそれなりに体《からだ》が大《おお》きいため食《た》べごたえがあり、果実食《かじつしょく》のため肉《にく》のくさみが少《すく》ないことから、熱帯《ねったい》ではわりとポピュラーな食材《しょくざい》だ。グアム島《とう》でも、現地《げんち》のチャモロ人《じん》によって古《ふる》くから食《た》べられていた。しかし、グアム島《とう》はとても小《ちい》さいので、もともとオオコウモリは数千匹《すうせんびき》しかいなかった。そのため、観光客向《かんこうきゃくむ》けに捕獲《ほかく》されるようになると、わずか20年《ねん》ほどで絶滅《ぜつめつ》してしまったのだ。

先カンブリア時代	古生代						中生代			新生代		
	カンブリア紀	オルドビス紀	シルル紀	デボン紀	石炭紀	ペルム紀	三畳紀	ジュラ紀	白亜紀	古第三紀	新第三紀	第四紀《だいよんき》

花《はな》が咲《さ》いて絶《ぜつ》滅《めつ》

ステゴサウルスさん

本気《ほんき》を出《だ》せば肉食恐竜《にくしょくきょうりゅう》もくしざし★

お花畑《はなばたけ》は死《し》の香《かお》り――……

少《しょう》年《ねん》なら、みんな私《わたし》を知《し》っている。だって私《わたし》は草食恐竜界《そうしょくきょうりゅうかい》のアイドルだもん。

ゴツゴツした背中《せなか》の板《いた》。トゲトゲがついた太《ふと》いしっぽ。草食《そうしょく》なのに、肉食恐竜《にくしょくきょうりゅう》もたおしちゃう。そんなギャップが、少年《しょうねん》の心《こころ》をつかんではなさないんだって、私知《わたしし》ってるよ？

でもね、私《わたし》も動物《どうぶつ》。アイドルにだって秘密《ひみつ》はある。驚《おどろ》かないで聞《き》いてね。**こんなに体《からだ》が大《おお》きいのに、私《わたし》、かむ力《ちから》が激弱《げきよわ》なの。**70才《さい》の人間《にんげん》のおじいちゃんと同《おな》じくらいの力《ちから》しか出《だ》せないの。

だから植物《しょくぶつ》に花《はな》が咲《さ》いたときは、正直《しょうじき》とまどった。こんなにきれいなのに、硬《かた》くて食《た》べられないんだもん。**私《わたし》が食《た》べられるのは、やわらか～いシダ植物《しょくぶつ》とかだけ。**

それなのに、地球《ちきゅう》の植物《しょくぶつ》がどんどん花《はな》を咲《さ》かせるようになっちゃって、私《わたし》の命《いのち》ははかなく散《ち》ったのよ。

こうすりゃよかった
もっと硬《かた》いものも
食《た》べられたら
よかったのかな

絶滅年代《ぜつめつねんだい》	ジュラ紀後期《きこうき》
大《おお》きさ	全長《ぜんちょう》9m
生息地《せいそくち》	北《きた》アメリカ、ユーラシア大陸《たいりく》
食《た》べ物《もの》	シダ植物《しょくぶつ》や裸子植物《らししょくぶつ》
分類《ぶんるい》	は虫類《ちゅうるい》

ステゴサウルスは巨体《きょたい》であるにもかかわらず、かむ力《ちから》がとても弱《よわ》かった。これは、頭《あたま》が小《ち》さいことも理由《りゆう》のひとつだが、そもそもやわらかい植物《しょくぶつ》しか食《た》べていなかったのだろう。ジュラ紀《き》の後期《こうき》には花《はな》をつける「種子植物《しゅししょくぶつ》」がはじめてあらわれ、急速《きゅうそく》に増《ふ》えていった。この時期《じき》にステゴサウルスはほろびているため、新《あたら》しくあらわれた種子植物《しゅししょくぶつ》は硬《かた》くて、かみちぎれなかったのかもしれない。

先カンブリア時代	古生代						中生代			新生代		
	カンブリア紀	オルドビス紀	シルル紀	デボン紀	石炭紀	ペルム紀	三畳紀	ジュラ紀《じゅらき》	白亜紀	古第三紀	新第三紀	第四紀

ひと休《やす》み④——大絶滅《だいぜつめつ》の歌《うた》

ビッグファイブメモリーズ

うた：ダンクルオステウス

コーラス：ニッポニテス

作詞《さくし》：東野《ひがしの》マナ

作曲《さっきょく》：海崎《うみざき》ただよし

♪
聞《き》いて きみとのメモリー
4億《おく》5000万年前《まんねんまえ》から
もう5回《かい》もくり返《かえ》してる

ほとんどの生《い》き物《もの》がほろぶ
大絶滅《だいぜつめつ》 大絶滅《だいぜつめつ》 大絶滅《だいぜつめつ》 大絶滅《だいぜつめつ》 大絶滅《だいぜつめつ》
きみの名《な》は「五大絶滅《ごだいぜつめつ》」ビッグファイブ

いつも おれを困《こま》らせる
オルドビス紀《き》 めちゃくちゃ寒《さむ》くなったね
デボン紀《き》 海《うみ》の酸素《さんそ》なくなったね
ペルム紀《き》 マグマのかたまりいっぱい出《で》た

このへんでネタ切《ぎ》れかなって
正直思《しょうじきおも》ってた でも
三畳紀《さんじょうき》 噴火《ふんか》ですごく暑《あつ》くなった
白亜紀《はくあき》 まさかの巨大隕石激突《きょだいいんせきげきとつ》

「いつもほろぼしてゴメン」って
本気《ほんき》で言《い》ってる？
もうほんとやめてって こっちは思《おも》ってる
これ以上増《いじょうふ》やしたくない 大絶滅《だいぜつめつ》のメモリー

5

絶《ぜつ》滅《めつ》しそうで、してない

あっ、絶滅《ぜつめつ》しちゃうかな……？
と思《おも》ったら、
すんでのところで助《たす》かる場合《ばあい》もある。

生《い》きてます〜

カモノハシさん

ほ乳類《にゅうるい》なのに卵《たまご》うむ

水《みず》にもぐって助《たす》かった

べつにかくしてたわけじゃないんだけど……。うちの体《からだ》って、ちょっとかわってるんだよね。

その……。**おしっことうんこと卵《たまご》が同《おな》じ穴《あな》から出《で》るの。**あと、体温調節《たいおんちょうせつ》も苦手《にがて》で。うちはいちおう、人間《にんげん》と同《おな》じほ乳類《にゅうるい》なんだけど、これっては虫類《ちゅうるい》とかの特徴《とくちょう》らしいね。しかも、すんでる場所《ばしょ》も水《みず》の中《なか》だし。

もう、プロフィールがワニと丸《まる》かぶりなの〜。

あっ、でも**泳《およ》ぐときに目《め》をぎゅっと閉《と》じちゃう**のはチャームポイントかな？

ワニより断然《だんぜん》かわいいよね！

それにね、この体《からだ》も悪《わる》いことばっかりじゃないんだ。水中《すいちゅう》でくらしてたおかげで、ほかの動物《どうぶつ》と、えものやすみかをとり合《あ》わなくてすんだんだから。**地上《ちじょう》はライバルが多《おお》くて、うちらのなかまはほとんど絶滅《ぜつめつ》しちゃった。**ほんと、水《みず》の中《なか》にいてよかった〜！

っていうか、**こんなへんな体《からだ》で数千万年《すうせんまんねん》も生《い》き残《のこ》ってこれたんだから、**うちって相当運《そうとううん》がいいよね〜。

こうしていてよかった
早《はや》い段階《だんかい》で
水中生活《すいちゅうせいかつ》をしておいて
よかった

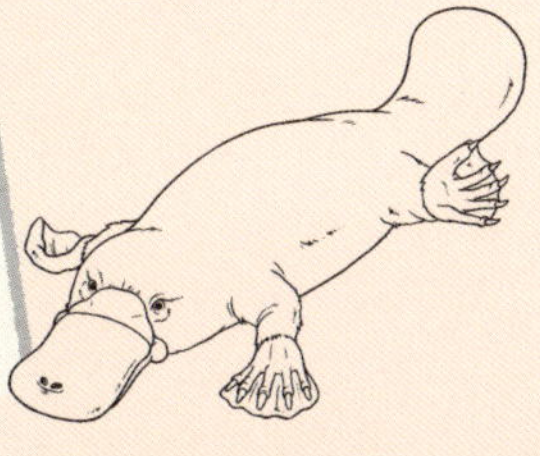

大《おお》きさ	体長《たいちょう》40cm
生息地《せいそくち》	オーストラリア
食《た》べ物《もの》	水生昆虫《すいせいこんちゅう》や甲殻類《こうかくるい》
分類《ぶんるい》	ほ乳類《にゅうるい》

カモノハシは「単孔類《たんこうるい》」という原始的《げんしてき》なほ乳類《にゅうるい》。単孔類《たんこうるい》の多《おお》くは、カンガルーをはじめとする有袋類《ゆうたいるい》にえものやすみかをうばわれて絶滅《ぜつめつ》してしまった。そんな中《なか》、カモノハシが生《い》きのびられたのは、水中《すいちゅう》で生活《せいかつ》するように進化《しんか》したからだろう。ライバルの有袋類《ゆうたいるい》は、袋《ふくろ》の中《なか》に水《みず》が入《はい》ると赤《あか》ちゃんが死《し》んでしまう可能性《かのうせい》があるため、水中《すいちゅう》にほとんど進出《しんしゅつ》しなかったのだ。

先カンブリア時代	古生代						中生代			新生代		
	カンブリア紀	オルドビス紀	シルル紀	デボン紀	石炭紀	ペルム紀	三畳紀	ジュラ紀	白亜紀	古第三紀	新第三紀《しんだいさんき》	第四紀《だいよんき》

山《やま》にのぼって助《たす》かった

ライチョウさん

ロード オブ ザ サバイバル

♥ダメ、もう走《はし》れない……

♠ダメだ、さあ立《た》って！ ここにいたら死《し》ぬぞッ

♥ダメよ、もうあんなに太《たい》陽《よう》がのぼってきてる。あなただけ先《さき》に行《い》って……

♠キミを置《お》いていけるわけないじゃないかッ！

♥わたしたち、なんで日本《にほん》になんて来《き》ちゃったのかしら……

♠あのころはまだ氷期《ひょうき》で、日本《にほん》も寒《さむ》かったんだから、しかたないさ……

♥氷期《ひょうき》が終《お》わったらこんなに暑《あつ》くなるなんて思《おも》わなかった！ ねえ、ほかのなかまはどうしたの？

♠とっくにロシアに帰《かえ》ったさ。ここにいるのはおれたちだけだ、クソッ！

♥ああ、もうおしまいよ！

♠いいかい、暑《あつ》さに弱《よわ》いおれたちが、生《い》き残《のこ》る道《みち》はただひとつ。雪山《ゆきやま》の上《うえ》に向《む》かってGO《ゴー》GO《ゴー》GO《ゴー》だ！

♥あなたって意外《いがい》と熱《あつ》い男《おとこ》なのね……

♠フッ、おれの熱《ねつ》で死《し》ぬなよ、ベイビー？

♥そういうのは、いらない

こうしていてよかった
日本《にほん》に取《と》り残《のこ》されたけど
寒《さむ》い高山《こうざん》に
うつりすんでてセーフ！

大《おお》きさ	全長《ぜんちょう》37cm
生息地《せいそくち》	日本《にほん》の本州《ほんしゅう》
食《た》べ物《もの》	植物《しょくぶつ》の新芽《しんめ》や種子《しゅし》
分類《ぶんるい》	鳥類《ちょうるい》

ライチョウは、本来《ほんらい》ロシアやカナダなど寒冷《かんれい》な気候《きこう》でくらしている鳥《とり》。それなのになぜ、日本《にほん》のようなあたたかい気候《きこう》の場所《ばしょ》にもいるのかというと、地球《ちきゅう》が寒《さむ》かった氷期《ひょうき》に移動《いどう》してきたから。かれらは氷期《ひょうき》が終《お》わると、北《きた》へもどったり、暑《あつ》さで死《し》んだりしたが、一部《いちぶ》のものは気温《きおん》の低《ひく》い標高《ひょうこう》2000m以上《いじょう》の高《たか》い山《やま》ににげこんで、ライチョウの亜種《あしゅ》「ニホンライチョウ」となって生《い》き残《のこ》った。

先カンブリア時代	古生代						中生代			新生代		
	カンブリア紀	オルドビス紀	シルル紀	デボン紀	石炭紀	ペルム紀	三畳紀	ジュラ紀	白亜紀	古第三紀	新第三紀	第四紀《だいよんき》

森《もり》に引《ひ》きこもって助《たす》かった

コビトカバさん

オフの日《ひ》ですか？これ言《い》っちゃっていいのかな……、**じつはわたし、すんごい引《ひ》きこもりなんですよ！**いやホントに森《もり》から一歩《いっぽ》も出《で》ないんで。

まあ、ふだんの仕事《しごと》も森《もり》を歩《ある》き回《まわ》って木《き》の実《み》や草《くさ》、落《お》ち葉《ば》や根《ね》っこを探《さが》すだけなんで、結局外《けっきょくそと》には出《で》ないんですけど。

理由《りゆう》ですか？うーん、これは、わたしふくめてですけど、**カバの家系《かけい》って、みんな肌《はだ》が超敏感《ちょうびんかん》なんですよ。**長時間日光《ちょうじかんにっこう》に当《あ》たると、やけどしちゃうレベルで。

だからサバンナにすんでるカバは昼間《ひるま》は水《みず》の中《なか》で静《しず》かにしてるんですけど、わたしがすんでる森《もり》は、たまたまものすごく湿気《しっけ》が多《おお》かったんです。**天然《てんねん》のミストでお肌《はだ》うるおう～みたいな！**

だから川《かわ》がなくても、この森《もり》にいれば生《い》きていけるんですよー。

それにわたしやせてるから、カバより速《はや》く歩《ある》けるし。あ、ここオフレコでお願《ねが》いしまーす（笑《わらい》）

大《おお》きさ	肩《かた》までの高《たか》さ85cm
生息地《せいそくち》	西《にし》アフリカ
食《た》べ物《もの》	草《くさ》や木《き》の実《み》
分類《ぶんるい》	ほ乳類《にゅうるい》

地球《ちきゅう》の気温《きおん》が下《さ》がり、気候《きこう》が乾燥《かんそう》してくると、森林《しんりん》がどんどん少《すく》なくなり、アフリカではサバンナや砂漠《さばく》が広《ひろ》がっていった。そのため、木《き》の葉《は》を食《た》べていた多《おお》くのほ乳類《にゅうるい》は森《もり》を離《はな》れたが、コビトカバはせまい森《もり》にとどまったのだ。その結果《けっか》、現在《げんざい》の生息地《せいそくち》は西《にし》アフリカの一部《いちぶ》の森《もり》に限《かぎ》られているものの、祖先《そせん》とかわらぬすがたで生《い》き続《つづ》けているのである。

先カンブリア時代	古生代						中生代			新生代		
	カンブリア紀	オルドビス紀	シルル紀	デボン紀	石炭紀	ペルム紀	三畳紀	ジュラ紀	白亜紀	古第三紀	新第三紀《しんだいさんき》	第四紀《だいよんき》

こっそり長《なが》生《い》きしていて助《たす》かった

あ、ぼくの話《はなし》はいいです。みなさんの話《はなし》を聞《き》くほうがおもしろいんで。

いやー……、本当《ほんとう》につまんないやつなんですよねー、ぼくって。小食《しょうしょく》だし、成長《せいちょう》もおそいし、たいした武器《ぶき》もないですし……。

　しいて言《い》えば、寒《さむ》さに強《つよ》いのと、**寿命《じゅみょう》が100年《ねん》以《い》上《じょう》あるのが自《じ》慢《まん》**なんですけ

8才《さい》
あっムカシトカゲだ！

100年後《ねんご》

ムカシトカゲさん

ど、もっとこう胸《むね》を熱《あつ》くさせるなにかがほしかったなあって思《おも》うんですよ。

生《い》き残《のこ》ったのもたまたまっていうか……。ずっと小《ちい》さな無人島《むじんとう》でくらしてきたんですけど、人間《にんげん》がイヌとかネズミとか連《つ》れて入《はい》ってこなかったんで、助《たす》かったんですよねー。

ネズミが来《き》たらアウトでしたよー。**ぼくら4年《ねん》に一《いち》度《ど》しか卵《たまご》をうまないんで。**卵《たまご》食《た》べられたら、あっという間《ま》に絶滅《ぜつめつ》してました。

いやー、ぼくなんかが生《い》き残《のこ》っちゃってすみません。

こうしていてよかった
目立《めだ》たずこっそり
生《い》きてくのが
いちばん安全《あんぜん》ですよー

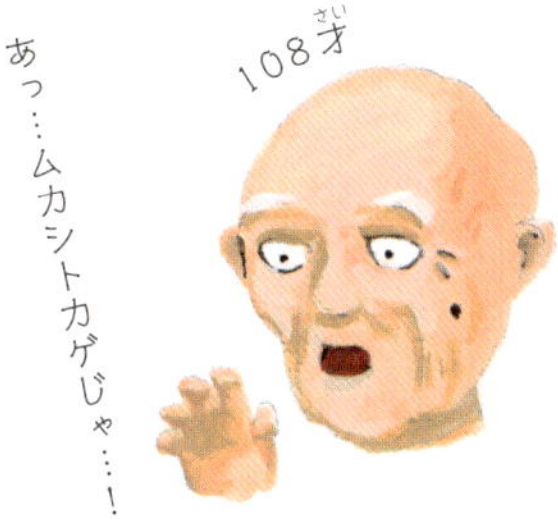

大《おお》きさ	全長《ぜんちょう》60cm
生息地《せいそくち》	ニュージーランド
食《た》べ物《もの》	昆虫《こんちゅう》やトカゲ
分類《ぶんるい》	は虫類《ちゅうるい》

トカゲっぽい見《み》た目《め》だが、ほかのは虫類《ちゅうるい》とはまったくちがう「ムカシトカゲのなかま」に分類《ぶんるい》される。かつてはニュージーランドに広《ひろ》く生息《せいそく》していたが、現在《げんざい》は30の島《しま》のみにしかいない。これらはすべて無人島《むじんとう》であり、人間《にんげん》や家畜《かちく》などが入《はい》ってこなかったために生《い》き残《のこ》ったようだ。小食《しょうしょく》で100年以《ねんい》上《じょう》の寿命《じゅみょう》があることから、敵《てき》さえいなければひっそりと長生《ながい》きすることができたのだろう。

＊生息年代《せいそくねんだい》はムカシトカゲのなかま全体《ぜんたい》のもの

先カンブリア時代	古生代						中生代			新生代		
	カンブリア紀	オルドビス紀	シルル紀	デボン紀	石炭紀	ペルム紀	三畳紀《さんじょうき》	ジュラ紀《じゅらき》	白亜紀《はくあき》	古第三紀《こだいさんき》	新第三紀《しんだいさんき》	第四紀《だいよんき》

やる気《き》がなくて
助《たす》かった

魚《さかな》は元気《げんき》だねぇ……

浅《あさ》い海《うみ》での競争《きょうそう》を放棄《ほうき》

オウムガイさん

は

あ～だるい、泳《およ》ぐのめんどくさい。泳《およ》ぐの向《む》いてない。

だっておれ、秒速《びょうそく》5cmしか進《すす》めないし。小学校《しょうがっこう》のグラウンドを1周《しゅう》するのにも1時間《じかん》くらいかかる。

いや～食事《しょくじ》すんのもめんどくさい。前《まえ》に食事《しょくじ》したの、いつだっけ。5日《か》前《まえ》……？

だったらあと2日《か》はイケる。**死《し》んだ魚《さかな》を週《しゅう》1ペースで食《た》べれば生《い》きていける。**

も～争《あらそ》うのもめんどくさい。大昔《おおむかし》は浅《あさ》めの海《うみ》でくらしてたんだけど、競争《きょうそう》相手《あいて》が多《おお》くてやんなっちゃった。**おれのろいから、えもの全《ぜん》部《ぶ》とられちゃうし。**

だいたい「おれがおれが」っていうタイプ、きらいなんだよね。

それで深《ふか》めの海《うみ》でひっそりくらしてたら、**いきなり隕石《いんせき》が落《お》ちてきて、恐竜《きょうりゅう》とかみんな死《し》んじゃった。**浅《あさ》い海《うみ》にすんでたやつらはほぼ全滅《ぜんめつ》だったらしい。

まあ、おれにはどーせ関《かん》係《けい》ないし、なんでもいいや。

こうしていてよかった
長生《ながい》きするには、
あんまりがんばり
すぎないことだよね

大《おお》きさ	殻《から》の長《なが》さ20cm
生息地《せいそくち》	南太平洋《みなみたいへいよう》
食《た》べ物《もの》	甲殻類《こうかくるい》、動物《どうぶつ》の死体《したい》
分類《ぶんるい》	頭足類《とうそくるい》

オウムガイは5億年《おくねん》以上前《いじょうまえ》のカンブリア紀《き》にあらわれたグループの生《い》き残《のこ》りだ。もともとは浅《あさ》い海《うみ》でくらしていたが、同《おな》じ頭足類《とうそくるい》のアンモナイトやイカほど運動能力《うんどうのうりょく》が高《たか》くないため、だんだんと食《た》べ物《もの》の少《すく》ない深《ふか》い海《うみ》に追《お》いやられていったのだろう。ところが、これが幸運《こううん》だった。白亜紀末《はくあきまつ》の大絶滅時《だいぜつめつじ》には浅《あさ》い海《うみ》は大《おお》きなダメージを受《う》けたが、深《ふか》い海《うみ》への影響《えいきょう》は小《ちい》さかったのだ。

＊生息年代《せいそくねんだい》はオウムガイのなかま全体《ぜんたい》のもの

先カンブリア時代	古生代						中生代			新生代		
	カンブリア紀《かんぶりあき》	オルドビス紀《おるどびすき》	シルル紀《しるるき》	デボン紀《でぼんき》	石炭紀《せきたんき》	ペルム紀《ぺるむき》	三畳紀《さんじょうき》	ジュラ紀《じゅらき》	白亜紀《はくあき》	古第三紀《こだいさんき》	新第三紀《しんだいさんき》	第四紀《だいよんき》

流木《りゅうぼく》で海《うみ》をわたって助《たす》かった

ロードハウナナフシさん

adventure writing

ロードハウナナフシの冒険《ぼうけん》

第《だい》1章《しょう》　命《いのち》がけの大脱出《だいだっしゅつ》！

その夜《よる》、私《わたし》は頼《たよ》りない流《りゅう》木《ぼく》にしがみつき、大海原《おおうなばら》にのり出《だ》した。行《い》き先《さき》は不明《ふめい》。命《いのち》がけの脱出《だっしゅつ》だ……！

すみなれたロードハウ島《とう》を離《はな》れるのは、心苦《こころぐる》しかった。しかし人間《にんげん》が島《しま》にやってきた以上《いじょう》、とどまるのは危険《きけん》だ。人間《にんげん》は、私《わたし》たちを「陸《りく》のザリガニ」とよんで、釣《つ》りのエサに使《つか》った。まあ、ギリギリそれはいい。問題《もんだい》はクマネズミだ。やつらは人間《にんげん》といっしょにやってきて、私《わたし》たちをかたっぱしから食《た》べていった。そのせいで私《わたし》たちは、絶滅寸前《ぜつめつすんぜん》にまで追《お》いこまれたのだ……！

翌朝《よくあさ》、目《め》が覚《さ》めると私《わたし》は、ピラミッドのような崖《がけ》がそびえ立《た》つ無人島《むじんとう》に流《なが》れついていた。わずかながら植物《しょくぶつ》もある。私《わたし》は、決心《けっしん》した。

「……そうだ、もう一度《いちど》、ここからやり直《なお》すんだ！」

次回《じかい》「第《だい》2章《しょう》　ロッククライマーがやってきた……！」

こうしていてよかった
絶滅《ぜつめつ》する前《まえ》に島《しま》を脱出《だっしゅつ》できてラッキーだった

大《おお》きさ	体長《たいちょう》15cm
生息地《せいそくち》	ボールズ・ピラミッド
食《た》べ物《もの》	木《き》の葉《は》
分類《ぶんるい》	昆虫類《こんちゅうるい》

ロードハウナナフシは、もとの生息地《せいそくち》であるオーストラリアのロードハウ島《とう》では、クマネズミの侵入《しんにゅう》によって1920年《ねん》に絶滅《ぜつめつ》している。ところが、1960年代《ねんだい》になってロードハウ島《とう》から16km離《はな》れたボールズ・ピラミッドで再発見《さいはっけん》された。ここは高《たか》さ562mの岩山《いわやま》で、背《せ》の低《ひく》い植物《しょくぶつ》がはりつくように生《は》えているだけだが、ロッククライマーに死体《したい》が拾《ひろ》われたことから調査《ちょうさ》が行《おこな》われ、生存《せいぞん》が確認《かくにん》された。

先カンブリア時代	古生代						中生代			新生代		
	カンブリア紀	オルドビス紀	シルル紀	デボン紀	石炭紀	ペルム紀	三畳紀	ジュラ紀	白亜紀	古第三紀	新第三紀	第四紀《だいよんき》

深海《しんかい》に迷《まよ》いこんで助《たす》かった

シーラカンスさん

ひとりぼっちのシーラカンス

作《さく》・志伊良《しいら》 勘助《かんすけ》

昔々《むかしむかし》、あるところに、シーラカンスというすこしかわった魚《さかな》がおった。

あるときシーラカンスは、なかまが止《と》めるのも聞《き》かず、深《ふか》さ数百《すうひゃく》メートルの深海《しんかい》までもぐってみせた。シーラカンスは得意《とくい》げに言《い》った。

「だれもついてこれまい！」

本当《ほんとう》にだれもついてきていなかった。それからシーラカンスは浅《あさ》い海《うみ》にはもどらず、深《ふか》い海《うみ》で魚《さかな》やイカを食《た》べてくらすようになった。

しばらくたったある日《ひ》、シーラカンスは漁船《ぎょせん》の網《あみ》に引《ひ》っかかり水《みず》あげされてもうた。陸《りく》の景色《けしき》を見《み》たシーラカンスはギョッとした。

なにしろ恐竜《きょうりゅう》は1匹《ぴき》もおらず、人間《にんげん》とかいう動物《どうぶつ》が、わがもの顔《がお》でくらしておったのじゃ。

6600万年前《まんねんまえ》、地球《ちきゅう》に隕石《いんせき》が落《お》ち、浅《あさ》い海《うみ》のなかまが死《し》んだことを知《し》ったのは、その後《あと》じゃった。

たまたま深海《しんかい》にいて生《い》きのびてしもうた……

こうしていてよかった

大《おお》きさ	全長《ぜんちょう》1.5m
生息地《せいそくち》	アフリカ東岸《とうがん》
食《た》べ物《もの》	魚《さかな》やイカ
分類《ぶんるい》	硬骨魚類《こうこつぎょるい》

シーラカンスのなかまは古生代《こせいだい》の石炭紀《せきたんき》に栄《さか》えたが、中生代《ちゅうせいだい》の白亜紀末《はくあきまつ》にはすべてほろびたと思《おも》われていた。ところが、1938年《ねん》に生《い》きたシーラカンスが発見《はっけん》されたのである。かれらはたまたま環境《かんきょう》の変化《へんか》が少《すく》ない深海《しんかい》でくらすようになったものの子孫《しそん》で、地上《ちじょう》や浅《あさ》い海《うみ》の大絶滅《だいぜつめつ》の影響《えいきょう》を受《う》けず、3億《おく》5000万年前《まんねんまえ》とあまりかわらぬすがたで、今《いま》も生《い》き残《のこ》っている。ちなみに、シーラカンスはハイギョ（168ページ）と同《おな》じ「肉鰭類《にくきるい》」だ。

＊生息年代《せいそくねんだい》はシーラカンスのなかま全体《ぜんたい》のもの

先カンブリア時代	古生代						中生代			新生代		
	カンブリア紀	オルドビス紀	シルル紀	デボン紀《でぼんき》	石炭紀《せきたんき》	ペルム紀《ぺるむき》	三畳紀《さんじょうき》	ジュラ紀《じゅらき》	白亜紀《はくあき》	古第三紀《こだいさんき》	新第三紀《しんだいさんき》	第四紀《だいよんき》

進《しん》化《か》がおそくて助《たす》かった

オポッサムさん

チビたち！　みんな背《せ》中《なか》につかまったね？　さっさと巣《す》に帰《かえ》るよっ！　なんだい、あたしゃいそがしいんだよ。生《い》き残《のこ》るためのコツなんて知《し》らないよ！　あたしゃね、チビたちにひもじい思《おも》いをさせないように、毎《まい》日《にち》必《ひっ》死《し》なんだ。

生《い》きるためなら、果《か》実《じつ》、虫《むし》、カエル、車《くるま》にひかれた死《し》体《たい》、なんだって食《く》うさ！

すむ場《ば》所《しょ》だって選《えら》ばないよ！　もといた南《みなみ》アメリカ

コレってなんでも子《こ》どものせすぎ説《せつ》

だけじゃなく、今《いま》はカナダでだってくらしてるんだ。地面《じめん》も歩《ある》くし、木《き》にだって登《のぼ》る。水《みず》もこわくないね！ **それくらいの行動力《こうどうりょく》がなけりゃ、すぐにおっ死《ち》んじまうよッ！**

だいたい今《いま》の若《わか》いのはなんだい？ やれ気候《きこう》がかわっただ、食《た》べ物《もの》が口《くち》に合《あ》わないだ、文句《もんく》ばっかり。そんなんだから、ネズミに負《ま》けて絶滅《ぜつめつ》しちまうんだよッ！ **進化《しんか》だ専門性《せんもんせい》だなんてほざいてないで、あたしみたいになんでもやれってんだッ！**

こうしていてよかった

なにかに特化《とっか》してないから、どんな環境《かんきょう》でもうまくやれるのさ

大《おお》きさ	体長《たいちょう》13～55cm
生息地《せいそくち》	北《きた》アメリカ、南《みなみ》アメリカ
食《た》べ物《もの》	動物《どうぶつ》の死体《したい》や果実《かじつ》など
分類《ぶんるい》	ほ乳類《にゅうるい》

オポッサムのなかまは有袋類《ゆうたいるい》の中《なか》でもあまり特定《とくてい》の環境《かんきょう》に適応《てきおう》していない、原始的《げんしてき》なタイプ。しかし、とくに得意《とくい》な環境《かんきょう》がないかわりに、どんな環境《かんきょう》でもそこそこやっていけるのだ。南《みなみ》アメリカの有袋類《ゆうたいるい》の多《おお》くは、北《きた》アメリカからやってきた新《あたら》しいタイプのほ乳類《にゅうるい》（真獣類《しんじゅうるい》）によってほろぼされたが、キタオポッサムは逆《ぎゃく》に北《きた》アメリカに進出《しんしゅつ》した唯一《ゆいいつ》の有袋類《ゆうたいるい》で、アメリカの住宅街《じゅうたくがい》でごみをあさるすがたも見《み》られる。

先カンブリア時代	古生代						中生代			新生代		
	カンブリア紀	オルドビス紀	シルル紀	デボン紀	石炭紀	ペルム紀	三畳紀	ジュラ紀	白亜紀《はくあき》	古第三紀《こだいさんき》	新第三紀《しんだいさんき》	第四紀《だいよんき》

クニマスさん

気《き》づいたら
べつの
場《ば》所《しょ》にいて
助《たす》かった

強運《きょううん》のもち主《ぬし》

フッ、「そんなばかな……」って顔《かお》をしてるね。

まあ、キミたちが驚《おどろ》くのも無理《むり》はない。田沢湖《たざわこ》にすんでいたわれわれは、**70年《ねん》前《まえ》、たしかに全滅《ぜんめつ》したのだから。**そう……キミたち人《にん》間《げん》が、水力発電《すいりょくはつでん》をするために、湖《みずうみ》に川《かわ》の水《みず》を引《ひ》きこんだせいでね！ おかげで水質《すいしつ》がかわって、ワタシのなかまは苦《くる》しみながら死《し》んでいった。

ところが……だ。その10年《ねん》ほど前《まえ》に、ある実験《じっけん》が裏《うら》で進《すす》められていた。**「クニマスの卵《たまご》って、ほかの湖《みずうみ》でも育《そだ》つかな？」実験《じっけん》だ。**

実験《じっけん》は失敗《しっぱい》に終《お》わったと思《おも》われていた。……が、しかしッ！ われわれは**べつの湖《みずうみ》にうつされた卵《たまご》から子孫《しそん》を増《ふ》やし、ひそかに生《い》きのびていたのだ、**どうだいやったぜッ！

ククク……、もうキミたちには手《て》を出《だ》せまい。**なにせ今《いま》のわれわれは「絶滅《ぜつめつ》危惧種《きぐしゅ》」だからね！**

さあ、全力《ぜんりょく》で守《まも》るがいいさッ!!

こうしていてよかった

全滅《ぜんめつ》させたり
保護《ほご》したり
人間《にんげん》は勝手《かって》なものだよ

大《おお》きさ	全長《ぜんちょう》35cm
生息地《せいそくち》	日本《にほん》の西湖《さいこ》
食《た》べ物《もの》	プランクトンや魚《さかな》
分類《ぶんるい》	硬骨魚類《こうこつぎょるい》

クニマスは秋田県《あきたけん》の田沢湖《たざわこ》のみに生息《せいそく》する固有種《こゆうしゅ》だったが、水力発電所《すいりょくはつでんしょ》がつくられたことで湖《みずうみ》の水質《すいしつ》がかわってしまい、1948年《ねん》に絶滅《ぜつめつ》してしまった。ところが、1930年代《ねんだい》に他県《たけん》の施設《しせつ》に受《じゅ》精卵《せいらん》が送《おく》られていたらしく、どういういきさつでそうなったのかよくわからないが、山梨県《やまなしけん》の西湖《さいこ》で生《い》きのびていることが確認《かくにん》されたのだ。発見者《はっけんしゃ》は魚類学者《ぎょるいがくしゃ》のさかなクンさんで、クニマスの絵《え》をかくために近縁《きんえん》のヒメマスをとりよせたところ、その中《なか》にクニマスがまぎれこんでいたという。

先カンブリア時代	古生代						中生代			新生代		
	カンブリア紀	オルドビス紀	シルル紀	デボン紀	石炭紀	ペルム紀	三畳紀	ジュラ紀	白亜紀	古第三紀	新第三紀	第四紀《だいよんき》

まゆにこもって助《たす》かった

はい、今日《きょう》はね、「まゆのつくり方《かた》」ですけれども。時間《じかん》もあれなんでね、さっそくはじめちゃいましょうかね。

まず、❶「土《つち》にもぐる」。この辺《あた》りはね、乾季《かんき》になると干上《ひあ》がって水《みず》がなくなりますから、その前《まえ》に土《つち》にもぐるわけです。**タイミングまちがえると死《し》にますから注意《ちゅうい》してくださーい。**

つぎにね、❷「土《つち》の中《なか》で

ハイギョさん

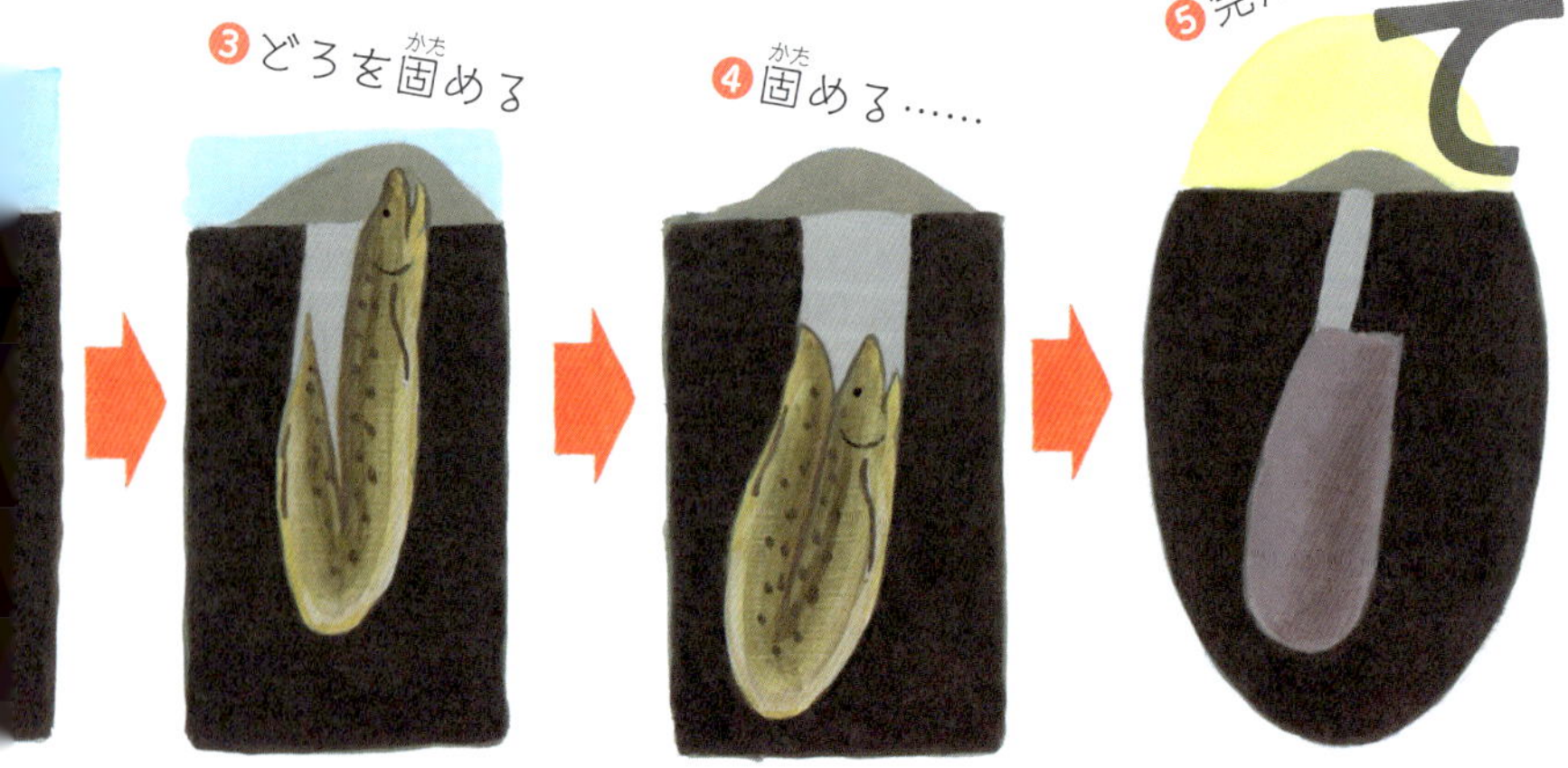

How《ハウ》 to《トゥー》 まゆごもり

体《からだ》を丸《まる》める」。このときね、**頭《あたま》を上《うえ》に向《む》けるのが美《うつく》しいまゆをつくるポイントです。**

それから、③「体《からだ》の粘液《ねんえき》で土《つち》を固《かた》める」。いいですか、**ねばねばの汁《しる》を出《だ》して、体《からだ》の周《まわ》りの土《つち》を固《かた》めていくんですよー？**

はい、これでまゆが完成《かんせい》して、体《からだ》の乾燥《かんそう》が防《ふせ》げますのでね、あとは雨季《うき》がくるまで寝《ね》ながら待《ま》つだけです。

最後《さいご》にね、**農家《のうか》の人《ひと》に土《つち》をほり起《お》こされちゃうことがたまにありますからね、注意《ちゅうい》してくださーい。**

こうしていてよかった
どろパックでお肌《はだ》のうるおいをたもったのがよかったですね

大《おお》きさ	全長《ぜんちょう》60〜200cm
生息地《せいそくち》	アフリカ、南《みなみ》アメリカ、オーストラリア
食《た》べ物《もの》	小魚《こざかな》、エビ、貝《かい》など
分類《ぶんるい》	硬骨魚類《こうこつぎょるい》

ハイギョはその名《な》のとおり肺《はい》をもつ魚《さかな》で、両生《りょうせい》類《るい》をうみ出《だ》した「肉鰭類《にくきるい》」の生《い》き残《のこ》りだ。肉鰭《にくき》類《るい》のほとんどは絶滅《ぜつめつ》してしまったが、ハイギョは肺《はい》で呼吸《こきゅう》できる能力《のうりょく》をいかして、ふつうの魚《さかな》がくらせない、乾季《かんき》になると水《みず》が少《すく》なくなる川《かわ》で生《い》き残《のこ》った。とくに、アフリカハイギョは地《ち》中《ちゅう》にまゆをつくることで、皮《ひ》ふの乾燥《かんそう》も防《ふせ》ぐように進化《しんか》している。

*生息年代《せいそくねんだい》はハイギョのなかま全体《ぜんたい》のもの

先カンブリア時代	古生代						中生代			新生代		
	カンブリア紀	オルドビス紀	シルル紀	デボン紀《でぼんき》	石炭紀《せきたんき》	ペルム紀《ぺるむき》	三畳紀《さんじょうき》	ジュラ紀《じゅらき》	白亜紀《はくあき》	古第三紀《こだいさんき》	新第三紀《しんだいさんき》	第四紀《だいよんき》

おわりに

この本《ほん》ではさまざまな絶滅理由《ぜつめつりゆう》を紹介《しょうかい》しましたが、
みなさんはどんなことを思《おも》ったでしょうか。

もしかしたら、人間《にんげん》がたくさんの動物《どうぶつ》をほろぼす
きっかけをつくっていることに驚《おどろ》いた人《ひと》がいるかもしれません。
しかしこれは、人間《にんげん》が記録《きろく》を残《のこ》しているから、
わかっていることなのです。

ほとんどの動物《どうぶつ》の絶滅《ぜつめつ》した理由《りゆう》は、
じつはよくわかっていません。

ただ、化石《かせき》を調《しら》べると、「ある時代《じだい》にはこんな動物《どうぶつ》がいた」とか、
「この時期《じき》には環境《かんきょう》の変化《へんか》があったらしい」ということは
わかります。

研究者《けんきゅうしゃ》たちはそれらのヒントをパズルのようにつないで、絶滅理由《ぜつめつりゆう》を想像《そうぞう》しているにすぎないのです。

この本《ほん》で紹介《しょうかい》している動物《どうぶつ》たちの絶滅理由《ぜつめつりゆう》も、たしかなものばかりではありません。

とくに古《ふる》い時代《じだい》のものほど手《て》がかりが少《すく》ないので、研究者《けんきゅうしゃ》のあいだでも意見《いけん》が分《わ》かれることが多《おお》くなります。

ということは、理由《りゆう》の解明《かいめい》されていない古生物《こせいぶつ》たちの絶滅理由《ぜつめつりゆう》について、みなさんが新《あら》たな説《せつ》を考《かんが》えることだってできるのです。

ぜひ、この本《ほん》をきっかけに、今《いま》までとちがう視点《してん》で、世界《せかい》や動物《どうぶつ》たちを見《み》てみてください。

丸山貴史《まるやまたかし》

さくいん

この本《ほん》に登場《とうじょう》した生《い》き物《もの》たち

ア

カ

サ

タ

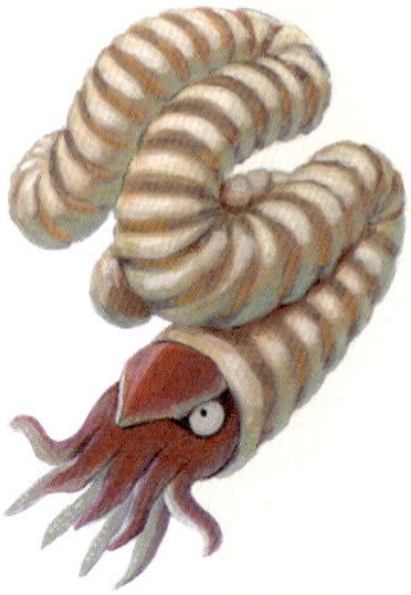

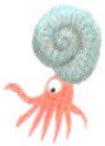

ナ

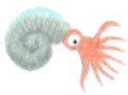

ハ

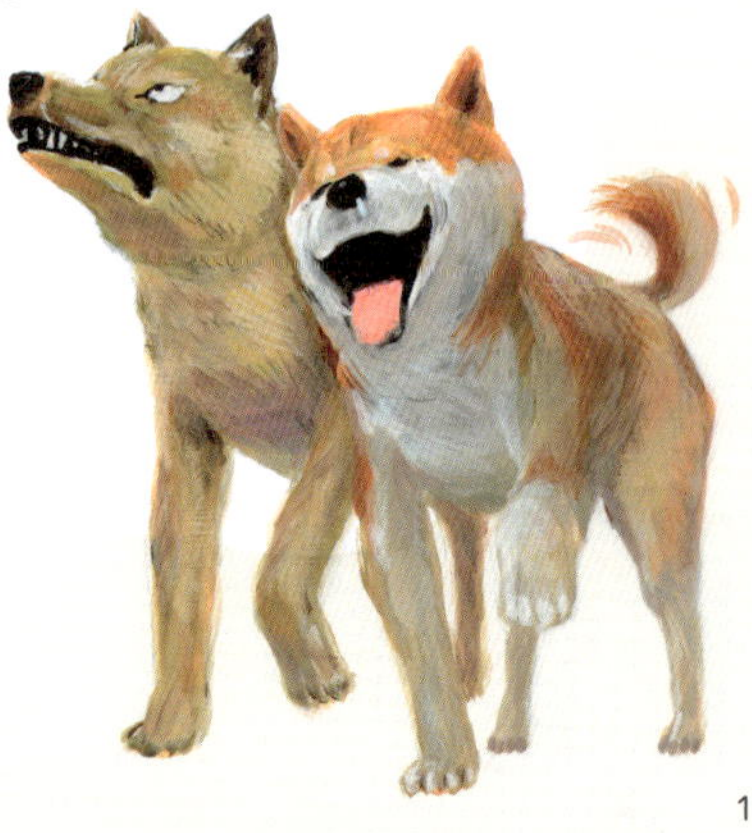

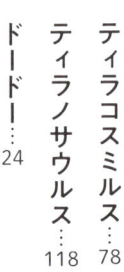

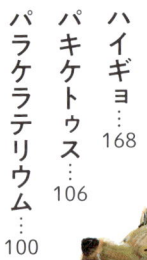

マ

ヤ

ラ

ワ

［監修者］ **今泉忠明**（いまいずみ　ただあき）

東京水産大学（現東京海洋大学）卒業。国立科学博物館で哺乳類の分類学・生態学を学ぶ。文部省（現文部科学省）の国際生物学事業計画（IBP）調査、環境庁（現環境省）のイリオモテヤマネコの生態調査等に参加する。上野動物園の動物解説員を経て、東京動物園協会評議員。おもな著書に『野生ネコの百科』（データハウス）、『動物行動学入門』（ナツメ社）、『猫はふしぎ』（イースト・プレス）等。監修に『ざんねんないきもの事典』シリーズ（高橋書店）等。単独性でひっそり暮らし、厳しい子育てをする、チーターやヒョウ等のネコ科の動物が好き。

［著者］ **丸山貴史**（まるやま　たかし）

動物ライター、図鑑制作者。ネイチャー・プロ編集室勤務を経て、ネゲブ砂漠にてハイラックスの調査に従事。『ざんねんないきもの事典』『続ざんねんないきもの事典』（ともに高橋書店）の執筆や、『せつない動物図鑑』（ダイヤモンド社）の編集、『生まれたときからせつない動物図鑑』の監訳等を手がける。好きな動物はツチブタ。理由は、たった1種でツチブタ目を構成する孤高さや、シロアリ食なのに伸び続ける臼歯をもつ独自性等、あらゆる点でかっこいいから。

［絵］ **サトウマサノリ**（さとう　まさのり） 1～2章、5章

絵本作家・イラストレーター。著書に『だれでもおんど』『おっと　あぶない！』『ちかてつライオンせん』（パイ インターナショナル）、『わけあって絶滅したけど、すごいんです。』（ダイヤモンド社）等。挿絵に『なつのもりの かぶとむし』（文溪堂）等。動物のことを調べたり観察することが大好き。ぼーっと見ているのも大好き。

［絵］ **ウエタケヨーコ**（うえたけ　よーこ） 3～4章

多摩美術大学卒業。印刷会社のデザイナーを経て、2013年よりフリーランスのイラストレーターとなる。動物園でじっと観察していると、中に人間が入っているかのような動きをするクマが好き。

［絵］ **海道建太**（かいどう　けんた） 4～13ページ、ひと休み①～④、別冊『絶滅全史』

名古屋造形大学卒業。広告、雑誌、書籍等を中心にイラストレーションを手がける。どこでものんびりと暮らすネコ（雑種）が好き。

［絵］ **なすみそいため** 図鑑線画イラスト

2004年よりフリーのイラストレーターとして活動を開始。書籍や広告、Web等のイラスト、キャラクターデザインを手がける。姿も模様もかっこいいチーターが好き。

わけあって絶滅しました。
――世界一おもしろい絶滅したいきもの図鑑

2018年7月18日　第1刷発行
2023年4月6日　第23刷発行

監修者――今泉忠明
著　者――丸山貴史
発行所――ダイヤモンド社
〒150-8409　東京都渋谷区神宮前6-12-17
https://www.diamond.co.jp/
電話／03･5778･7233（編集）　03･5778･7240（販売）

構成――――澤田 憲 ／ 編集協力　田中絵里子
装丁・本文デザイン――中村 妙（文京図案室）／ DTP――――茂呂田 剛、畑山栄美子（エムアンドケイ）
製作進行――ダイヤモンド・グラフィック社 ／ 校正――――鷗来堂
印刷――――勇進印刷（本文）・加藤文明社（カバー）／ 製本――――ブックアート
編集担当――金井弓子（kanai@diamond.co.jp）

ISBN 978-4-478-10420-0